今から学ぼう！

ライフストーリーワーク

施設や里親宅で暮らす
子どもたちと行う
実践マニュアル

編著
才村眞理＆
大阪ライフストーリー研究会

福村出版

はじめに

施設や里親宅で暮らす子ども（以下、社会的養護のもとで暮らす子ども）が、自分自身について知りたい、誰から生まれたのか、なぜ親に育ててもらえなかったのか知りたいなどの疑問をもつことは、以前からありました。しかし、これまではこのことが現在の生活にまで影響していることにあまり注目されないか、または、気づいていても日常生活の援助の中では、子どもたちの知りたい気持ちに丁寧に対応できなかったのが実情です。そして、子どもたちが知りたい気持ちをもつこと自体、肯定される風土は十分であったとは言えず、その声を発信することが困難な状況があったと思います。

子どもに接する支援者の中には、子どもに真実を伝えなければと思いつつ、触れられないで、子どもが誤った過去をもったまま、あるいは、過去が空白のまま、何年もたってしまっていることが、これまで多く存在したと思います。

そんな中、少しずつ、社会的養護のもとで暮らす子どもに、ライフストーリーワークを取り入れたい、子どもの生い立ちを子どもと共に整理したいと動き出す支援者が増えてきました。これは、子どもの知る権利を認め、その実現に何とか対応しよう、子どもにうそをつき続けるのはだめだ、真実を話そう、子どもが過去のライフストーリーを取り戻せるように援助すべきだ、子どもに思春期の荒れが起こる前に生い立ちの整理をしておきたい……などのニーズの高まりと捉えることができます。

そういったライフストーリーワークの実践の高まりを受けて、本書は、できるだけわかりやすく解説し、具体事例を数多く示すことで、現場の支援者の方々の、具体的な実践方法を数多く知りたいというニーズに応えるべく、作成しました。また、このライフストーリーワークは、実践に向けて支援者のトレーニングを十分しなければ、ライフストーリーワークを中途半端に終わらせ、かえって子どもの混乱状態が増すことにもなりかねません。第4章はトレーニングの方法について取り上げました。

本書は、大阪ライフストーリー研究会のメンバーで作成しました。本研究会は、2005年に浅野恭子・才村眞理によって大阪の子どもにかかわる支援者に呼びかけ、開始しました。10年が経過し、ライフストーリーワークの実践に向けての、実務にかかわる内容を中心にディスカッションを重ねてきました。出版活動としては、これまではイギリスの書籍の翻訳が主でしたが、本書は、日本での実践に応用できる日本版マニュアルの作成をめざしました。

また、本書は、文部科学省科学研究費助成事業の成果物をベースに編集し、出版したものです。2011年度科学研究費補助金による「児童福祉施設／里親宅で暮らす子どもたちとライフストーリーワークをはじめるにあたって」（才村眞理＆大阪ライフストーリー研究会著、JSPS科研費、課題番号：21530634、2012年）、及び、2014年度科学研究費補助金による「ライフストーリーワーク実施のためのトレーニング」（才村眞理＆大阪ライフストーリー研究会著、JSPS科研費、課題番号：24530767、2015年）を基に、加筆修正したものです。また、ライフストーリーワークを子どもに説明する際に役立つ資料として、『ライフストーリーワークって何？〜子どものためのガイドブック〜』（才村眞理発行、JSPS科研費24530767の助成を受けて作成したもの）を資料編に入れました。

社会的養護のもとで暮らす子どもたちが、この実践により、過去、現在、未来のライフストーリーをつなぐことができ、アイデンティティを築き、生きていて良かった、ここへ来て良かったと思えるよう、期待したいと思います。みなさまのライフストーリーワークの実践の疑問に、少しでも応えることができれば幸いです。

また、今後のさらなるライフストーリーワークの実践の進展に寄与できるよう、忌憚のないご意見を寄せていただけたらと期待します。

最後に、本書を出版するにあたって、コラムに3名の社会的養護の経験者である、元高萩市長さんの草間吉夫さん、CVVの中村みどりさん、あらいちえさんに、ご自身の経験を寄せていただきました。この場をお借りして御礼申し上げます。

2016年11月　才村眞理

もくじ

第1章 ライフストーリーワークとは？

第1節　ライフストーリーワークの説明

1. ライフストーリーワークとは

保護者の疾病や離婚、虐待など、さまざまな理由で子どもは施設入所や里親委託されているが、そこに至った事情や家族の状況などについて、十分につかめないまま過ごしている子どもは少なくない。

たとえば、
- 以前の家族や自分の小さいころの記憶をほとんどもてないまま、乳児院や児童養護施設、里親などへの措置変更を重ね、保護者、施設ケアワーカー、里親などの養育者と何度も出会いと別れを繰り返している子ども
- 保護者の面会がない、あるいは不定期で、安定した絆をもてず、家族の状況や先の見通しがつかめない子ども
- 面会はあっても、入所理由や家庭に帰れない理由を聞けない、もしくは漠然としかつかめていない子ども
- 家族の変遷の中で、別の人を実親と思い込むなど、家族関係を誤って認識している子ども、など。

社会的養護のもとで暮らす子どもの日々の生活やさまざまな思いに光を当て、自分は自分であっていいということを確かめること、自分の生い立ちや家族との関係を整理し（空白を埋め、輪郭をつかむ)、過去－現在－未来をつなぎ、前向きに生きていけるよう支援する取り組みが、ライフストーリーワークである。

ライフストーリーワーク（以下、LSW）とは、次のように言うこともできる。社会的養護のもとで暮らす子どもたちの３つの疑問、「わたしって誰？」「なぜここにいるの？」「これからどうなるの？」に応える作業を、信頼できる大人と共に行うことである。施設や里親宅にいる理由を、誰からも説明されないままでいると、子どもたちは「自分が悪い子だったから施設に入れられたに違いない」などのファンタジーをもつことがある。LSW の実践により、そうした認知を修正し、今ここにいる理由が納得できると、未来をどう生きていくかを考えることができ、アイデンティティの確立につながると期待できる。

筆者ら、大阪ライフストーリー研究会（以下、研究会）は、イギリスより学んだ理論、実践内容を日本版にアレンジし、本書において、日本での実践方法を提示した。しかし、LSW の概念は、日本ではまだ確立しているとは言えず、そのため、さまざまな実践が各地でなされているのが実情である。そこで、本書において取り上げた、研究会の推奨する LSW の実践方法を簡単に説明したい（詳細は第２章、第３章を参照)。

2. ライフストーリーワークには、３段階の方法が存在する

本書では、下記の図１における、主に②セッション型 LSW の実践方法を提示している。①は、施設や里親宅で日常的に行う LSW 活動であるが、②セッション型 LSW を安全にやり遂

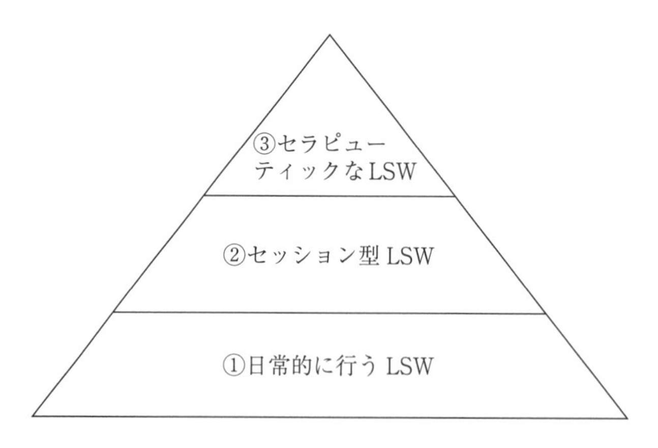

①は、施設や里親宅で日常的に行う LSW 活動。②は、筆者らが提唱するセッション型 LSW。③は、かなり統制された空間で行うセラピューティックな LSW。

図１　３段階のライフストーリーワーク

げるためには、①の生活場面のLSWもしくはLSW的な日常の関与という下地が必要不可欠であることを忘れてはならない。

①日常的に行うLSW

生活場面や通常の面接場面で、「（施設内で友人の面会を見て）なぜ自分には面会がないの？」と子どもが尋ねてきたときや、何気ないお風呂や皿洗いのときに「私のお父さんはどこなの？」「何で私は家で暮らせないの？」「いつまで施設（里親宅）で暮らすの？」と質問してきたとき、あなたならどのように応えるだろうか？　このような子どもが発する疑問（サイン）をしっかり受け止め、それに応えていくためには、支援者側の準備性がまず問われる。仮に、その場で即答できなくても、「あなたは、そういうことが知りたいのね」「今度ゆっくり話をしようか」「児童相談所の先生に聞いてみようか」などの適切な応答をすることによって、自分のライフストーリーに興味をもつことは「良いことなのだ」という肯定的なメッセージを子どもに伝えることができる。結果的に、このような日々の積み重ねが、より深刻かつ複雑なライフストーリーに向き合うための子どもの準備性を養うことにつながる。

裏を返せば、このような下地なしに、一足飛びにセッション型のLSWを行うのは、明らかなニーズがあったとしても、子どもと実施者双方にとってリスクが大きいと言える。そこで、日々のケアワークやソーシャルワークにおける子どもとの会話や子どもの言動をLSWの視点から見直すことから始める必要があるだろう。

社会的養護のもとで暮らす子どものライフストーリーには、子どもにとってつらいできごとが少なからず含まれている。しかし、子どもは自らのライフストーリーと共に生涯生きていかなければならないのである。支援者が、「今、伝えねばならないと思う」事柄ではなく、子どもが日々の生活で発するサインに応えることから始め、ニーズに応じて徐々にセッション型のLSWに移行していくことが、子どもにとっての負担とリスクを可能な限り軽減することになるだろう。いかに優れた支援であっても、それを受け止めるだけの土台がなければ、十分な効果が望めないばかりか、リスクが伴うことを忘れてはならない。

次に、①日常的LSW活動には、②セッション型を実施するための材料作りの面も大きい。子どもが学校でほめられた、親が面会に来た、どんな遊びをしているときが一番楽しそうにしていたか等々、子どもがこれまでどんな子どもであったのか、子どもがどんな生活を経験してきたのか、そのときどきのエピソードなどを、毎日の記録として残しておくことや、写真を集めておくことが必要である。

②セッション型LSW

日常場面とは異なる特別の時間・場を設けて行うことを想定しており、セッションの形を取るものである。あらかじめ、実施が可能かどうか実施検討会議を行い、実施可能となれば、次に計画会議を関係者で開催する。そしてチェックリストを付け、見通しをもってスタートするものである。また、スタートする前に以下の決定もしておく。つまり、子どもへの導入方法や

ゴールを決める、リスク診断をする、固定的にかかわることのできる主たる実施者を決める、実施者がサポートを受けられる支援者チームを設定する、また、回数、日時、場所を決めるなどである。

ワークの1回あたりの時間はさまざまだが、おおむね50～60分程度である。ときには乳児院を訪問したり、生まれた病院へ行ったり、子どもが会いたい人に会いに行ったりすることも含んでいる。しかし、子どもの拒否が明らかにある場合は実施を見送り、また、スタートできる場合であっても、いつでも子どものニーズに応じて、中断、再開できる設定でスタートする。ワークを主体とし、子どものニーズや、LSWの実施者と子どもとの信頼関係を重視し、安心・安全の関係を築いて、スタートするものである。子どもの気持ちや精神的安定度を度外視して、真実告知をメインにするものではない。ワークを取り入れ、子どもの気持ちにすとんと落ちることを目標としているため、中には20回以上に及ぶものもある。また、1度目は幼少期に実施し、2度目は思春期以降に実施するという例もあるように、年齢や成熟度により、扱う内容も異なってくるものである（実施方法の詳細は第2章を参照）。

③セラピューティックなLSW

イギリスの被虐待児治療施設SACCSでかつて行われていたものを想定している（※）。

筆者らがイギリスBAAF（英国養子縁組里親委託協会）のトレーナーを招聘し、学んだ内容では、LSWとセラピー（イギリスの場合は、セラピーとは精神分析的セラピーを指すことが多い）とは同時には行わない。情緒不安定であるなど、セラピーが必要な子どもにはLSWを実施する前に、セラピーを実施し、ある程度、情緒が安定してからLSWを実施すべきだと学んだ。しかし、SACCSでは、LSWとセラピーを同時並行している。この施設は、日本でいう児童心理治療施設のような施設であるが、その質的側面は日本とまったく違っている。

1つのハウスに3～5人の子ども、10人のスタッフ、それ以外にセラピストとライフストーリーワーカーがいる。そして、地方自治体から委託されてから退所まで約3年半であるが、その間、毎週のセラピー、隔週のLSWを同時に全員の子どもに実施している。養育するケアワーカーの仕事の位置付けも、セラピューティック・ペアレンティング（治療的親業）と名付けられており、生活自体が治療的アプローチとなっている。その3者（セラピューティック・ペアレンティングとセラピーとLSW）は常に連携している。

LSWの実施は、子どもとの関係づくりに最初の3カ月を使い、次の3カ月は自分を知るワークを行い、その後、いよいよ過去の生い立ちに触れるのである。約3年半の間、LSWは実施され、ゆっくりとしたペースで進められる。このような体制でLSWは実施されているが、日本の現状では、イギリスとは組織体制やケアの仕組みが異なるため、③セラピューティックなLSWの実現はかなり困難と思われる。

ただし、日本ではセラピーの内容がイギリスとは異なるため、実際に行う場合の十分な検討は必要であるが、日本でのセラピーとLSWは同時に行われる場合も出てきている。

こういった事情であるので、本書では、②セッション型 LSW の方法論を主に取り上げているが、その前提としての①日常生活での子どもへのかかわりや情報収集の部分は不可欠であることを強調しておきたい。

※詳細は、リチャード・ローズ、テリー・フィルポット（著）才村眞理（監訳）『わたしの物語 トラウマを受けた子どもとのライフストーリーワーク』福村出版 2012 年を参照。

（才村眞理・徳永祥子）

第2節　なぜ、ライフストーリーワークが必要なのか？

1. 社会的養護の現状

人は自分が生まれる場所を選ぶことはできない。もちろん、裕福な家に生まれる子どももいれば、つつましい生活を送る家に生まれる子どももいる。幸せだと思える家で暮らす子どももいれば、今日一日どうやって生き延びようかと考える子どももいる。どんなに過酷な運命であっても、誰もその子どもに代わることはできない。どんな家族のもとに生まれようとも、子どもはその事実を引き受けて生きていくことになる。

だが、そんな家族とも離れて生きていかざるを得ない子どもがいる。家族と離れることで安全が守られる子どもがいる。社会的養護のもとで暮らす子どもたちである。社会的養護とは、保護者のない子どもや、保護者に監護させることが適当でない子どもを、公的責任で社会的に養育し、保護すると共に、養育に大きな困難を抱える家庭への支援を行うこととされ、「子どもの最善の利益のために」「社会全体で子どもを育む」ことを理念として行われている。

2014 年の厚生労働省統計によると、児童養護施設や乳児院、里親宅など社会的養護のもとで暮らす子どもの数は約 4 万 6000 人にものぼる。そこでは 18 歳までの子どもを中心に、必要に応じて 20 歳までの子どもたちが生活している。

子どもたちが社会的養護のもとで暮らすことになった理由は、虐待や親の就労、病気などさまざまである。また、児童養護施設に入所している子どもたちの半数以上が何らかの虐待を受けていることも事実である。入所当初はわからなかった虐待の事実が、生活の安定と共に子どもたち自身によって語られることも少なくない。私たちはその事実を知るたびに、子どもたちの世界の深さ、過酷さに感じ入る。そして、あらためて自分が子どもたちの生きてきた事実を「知らない」ことを知る。

国は社会的養護の基本的な方向を、「家庭的養護の推進」とした。できる限り家庭的な養育環境の中で、継続的な養育を受ける必要性を原則として、里親やファミリーホームなどの家庭

的養護を優先すると共に、児童養護施設、乳児院などの施設養護も、できる限り家庭的な養育環境とされる小規模グループケア、グループホームに変えていく必要があるとしている。また、子どもたちが愛着形成の課題や心の傷を抱えていることが多いことを踏まえ、心の傷を癒して回復していけるよう、専門的な知識や技術を有する者によるケアや養育が必要であるとした。そして、「自立支援の充実」を図り、社会的養護のもとで育った子どもも、他の子どもたちと同様に、社会への公平なスタートを切り、自立した社会人として生活できるようにすることが重要であるとしている。

なぜ自分は生みの親と暮らすのではなく、ここで生活しているのか、子どもたちが自分の抱える「事実」とどのように折り合いをつけていくのか、子どもたち1人ひとりがどのような生活を望み、どんな大人になりたいのか、「未来」に向けた取り組みが今、必要とされている。

2. 子どもの知る権利

人は誰でも自分のことを知る権利がある。このことが定められた国際条約「児童の権利に関する条約」（本著では「子どもの権利条約」とする）を日本が批准したのは1994年のことである。

筆者は法律の専門家ではないが、条約の批准は子どもの権利をより踏み込んだ形で保障したものと考えられる。同条約第7条には「児童は、出生の後直ちに登録される。児童は、出生のときから氏名を有する権利及び国籍を取得する権利を有するものとし、また、できる限りその父母を知りかつその父母によって養育される権利を有する」とある。また第8条には「児童が法律によって認められた国籍、氏名及び家族関係を含むその身元関係事項について不法に干渉されることなく保持する権利を尊重することを約束する」とされ、第12条には「自己の意見を形成する能力のある児童がその児童に影響を及ぼすすべての事項について自由に自己の意見を表明する権利を確保する。この場合において、児童の意見は、その児童の年齢及び成熟度に従って相応に考慮されるものとする」とある。これら第7条、第8条、第12条の、子どもが父母や家族関係を知り、そして、自身の意見を表明していく権利を保障するために、1つの取り組みとしてLSWが役立つと思われる。

LSWの先進国であるイギリスの養子縁組児童法では、LSWの実施は法律で規定されている。子どもの権利条約を批准した後、12年経った2016年6月、児童福祉法が改正され、第一章総則第一条に、「全て児童は、児童の権利に関する条約の精神にのっとり、適切に養育されること、その生活を保障されること、愛され、保護されること、その心身の健やかな成長及び発達並びにその自立が図られることその他の福祉を等しく保障される権利を有する」と明記された。今後、この「権利」をどう具現していくかが大きな課題となる。

3. 子どもたちの過去、現在、未来

自明のことであるが、人は１人では生まれないし、１人では生きていけない。守られることを必要としている生き物である。この世に生を受けてからも特定の人とアタッチメントを結び、「命」をつなげ、生きていく。動物の世界では、このアタッチメントを結べなかった失敗はすなわち「死」を意味する。アタッチメントの対象を失い、家族から離れて生活している子どもたちは対人不信や自信のなさ、ストレス耐性の低さなど、さまざまな問題を抱えていることは少なくない。

自分はどうしてここに来たのか、いつまで社会的養護のもとで暮らしていかなければならないのか、どうすればここを出られるのか、１人で悩み、考え込む子どもは多い。親の病気や虐待など、「記録」にある「事実」を知っている子どももいるが、いつの間にかその記憶が「自分のせいでここに来た」という記憶に塗り替えられている子どもがいる。また、それまで何の問題もなくても思春期に入り、自分の存在意義を確かめるように不登校や施設からの無断外泊、職員への暴力などの問題行動を起こすことも少なくない。ここを出た後、自分はどうなるのだろうか、自分の居場所はあるのだろうか、自分を必要としてくれる人はいるのだろうかと思い悩む。だからこそ、今、私たちは子ども１人ひとりの「事実」を大切に、今子どもたちの「思い」を考える必要がある。子どもたちの時間をつなぐこと、その取り組みが必要とされている。

一般的に、「育ち」は日々の何気ない事実の積み重ねで生まれる。小さいころのあなたはこうだった、あなたのお父さんは子どものころはこうだったと大人から聞かされることで、自分の歴史はつながっていく。事実は毎日の生活の中に当たり前のこととして存在し、自分が知りたいときには、それを知っている誰かが応えてくれる。自分自身の記憶の中で、人と人はつながり、過去が今とつながる。しかし、社会的養護のもとで暮らす子どもにとって、こういった当たり前の事実すら知らないことも少なくない。

また、子どもには、それぞれの事実があり、そのときにしかできない体験をそのときにしかできない感情をもって経験し、それぞれの子どもは「自分」のストーリーを生み出していく。たとえ同じ事実であっても、それぞれの感情体験は異なり、その人独自のストーリーに変わる。大人でも子どもでも、「事実」に自分の感情が交わることで個別的なものとなり、その感情体験がその子どもの「真実」につながっていく。

私たちは子どもに未来を考えてほしいと願うが、未来を考えるためには「今」が必要である。過去、現在、未来という時間軸のつながりの中で、自分が何者なのかを知り、自分は自分でよいのだと思うのである。

LSW が扱うのは単なる事実ではない。その子どもが生まれたときに父や母が感じたであろう思い、小さいころに遊んだ広場でかいだ草の匂い、自分が泣いていたときの母親の困り顔

……それらすべてがその人の「真実」を形作る。大切なのは「今を生きる」ために「過去の自分」を知り、「未来を考える」力をつけていくこと、そのために確かに「自分自身の真実」がそこに存在していることである。

4. 子どもの願い

子どもたちが大人に望んでいるのはごく当たり前のことである。大人に話を聞いてもらえた、一緒にいるとほっとする、大人や仲間とのつながりを感じたい、大きくなり、自分は自分でいいのだと思えるようになりたいと願うことである。美味しくて栄養のバランスの取れた食事を囲み、温かい布団で眠ること、危険から身を守られ、自尊心を育てられるような根気強い愛情、知らないことを教えてもらえるかかわり、悩んだり、迷ったりしたときに一緒にいてくれる存在を大人に求めるのである。LSW の実践において、これら子どもの願いを大切にすることが必要だ。

5. 時間をつなぐことの重要性

施設（里親宅）で暮らす子どもに対するイメージは否定的なものが多い。「施設（里親宅）の子どもだから仕方がない」「親がいないからこうなる」……そんな言葉を何度聞いたことだろうか。「おかえり」と子どもを迎え入れ、ときには毅然として子どもと向き合い、子どもを見守る施設や里親たちの根気強い支援、学校、地域で暮らす人々のかかわりが、子どもたちの笑顔を生み、その子なりの未来を思い描く力となる。そのためには、社会的養護のもとで暮らすことが悪いイメージにならぬように、そのことが社会で自然なこととして受け入れられるようになること、そういった営みが子どもたちの過去－現在－未来をつないでいくことになる。

措置機関である児童相談所は、子どもの入所、措置変更、退所にかかわり、家族と子どもをつなぐ重要な役割を果たしている。児童相談所は社会的養護のもとで暮らす子どもと家庭の情報の多くを把握する立場にいる。しかし、児童相談所の担当者は異動で代わり、その子どもの過去を知る人は消えていく。そのため、子どもに関するさまざまな情報をどのように蓄積し、つなげていくのかは、担当者１人ひとりの細やかな工夫が必要となる。いつの日か LSW を必要とする子どもにとって役立つ土台をしっかり作ること、そういったことも児童相談所の大切な役割ではないだろうか。

施設等の運営指針には、社会的養護の担い手は連携して支援に取り組み、支援を引き継ぐこと、そして、それぞれの機能を有効に補い合い、重層的な連携を強化することによって、支援の一貫性・継続性・連続性というトータルなプロセスを確保していくこと、そして何よりもそこで暮らし、そこから巣立っていく子どもたちにとって、より良く生きること（ウェルビーイング）を保障するものでなければならないとされている。LSW は支援の引き継ぎに寄与し、子どものウェルビーイングの確保に役立つものであると考える。たとえば、児童養護施設運営指針（平成 24 年 3 月 29 日 厚生労働省雇用均等・児童家庭局長通知）には、「社会的養護のもとで養育される子どもにとって、その子にまつわる事実はその多くが重く、困難を伴うものである。しかし、子どもが未来に向かって歩んでいくためには、自身の過去を受け入れ、自己の物語を形成することが極めて重要な課題である」という文言があり、LSW を実施する根拠として示されたものと考えられる。子どもたちの過去－現在－未来という時間をつないでいく作業の重要性が認識され、子どもが自然に自分のストーリーを知ることができること、聞きたいときにいつでも聞けること、そしてそれが自分にとって「つながり」を感じられるようになること、そういった本来の姿に社会的養護の場が近づいていくことが求められている。

子どもたちは 1 人ひとり違うストーリーをもっている。今、目の前にいる子どもたちにはどんなストーリーがあるのだろうか。日本での LSW の取り組みは始まったばかりである。

（岩佐和代・久保樹里）

第3節　今後の課題

イギリスから日本へ LSW の理念、技術、方法を導入し、日本版 LSW を広めていくには、どんな課題があるのだろうか。社会的養護のもとで暮らす子どもに LSW の実践を考えた場合、日本ではまだまだ、知識、技術、理念や価値観、そして実施できる体制ともに十分準備性は整っていない。今後、LSW を実践していく上で必要な条件として整うべき課題を以下に挙げた。

1. 知る権利の法的根拠

子どもは、誰から生まれ、これまでどのように生きてきたのかについて、知る権利がある。親がたとえ知らせてほしくないと拒否したとしても、生まれた事情は子ども自身のルーツにかかわることであり、親はだれか、また、なぜ、その親に育てられずに分離されたのかという事情についても知る権利があると思われる。子どもの出自を知る権利、子どものアイデンティティを確保する権利については、子どもの権利条約（第 7 条、第 8 条）がその根拠であるとされてきた。本書の出版年である 2016 年の 5 月に改正児童福祉法が成立し、子どもの権利条約を基本理念とすることが明記された。しかし、改正内容の条文には、子どもの出自を知る権利等の擁護に関する文言はなく、これらの権利擁護をどのように実現していくのかは今後の課題で

あると思われる。また、児童養護施設などでの運営指針には、子どもの生い立ちの整理をすることの必要性が盛り込まれているが、措置機関である児童相談所の運営指針にはその文言はなく、明記を望むところである。

2. ライフストーリーワークの業務としての位置付け

日本で、社会的養護のもとで暮らす子どもには、LSW をしなければならないと規定する、あるいは、そこまでいかなくとも、LSW を行う実施体制を、児童相談所、児童福祉施設共に整備する必要がある。それには、人員の確保やLSW の質を担保できる専門性の確保が必要である。中心的な実施者は必ずしも児童相談所の職員でなくとも、施設職員や里親による実施も可能ではあるが、措置機関の協力なしには実施できない。なぜなら親から子どもを分離する援助方針を判断し、主体的にその援助を行ったのは、児童相談所であるからである。そのため、親が子どもを出産した事情や子どもを育てられなかった事情はソーシャルワーカー（以下、SW）が調査する立場にある。また、現在の親の状況を調査する権限をもっているのも児童相談所である。

3. ライフストーリーワークの理念をソーシャルワークに取り入れる

LSW の実施が将来（子どもへの実施における適切な時期に達したとき）可能となるために、インテーク時点からのソーシャルワークに、LSW の観点から、親へのアプローチを組み入れる必要がある。子どもの出生前後から現在までの、できるだけ多くの情報収集が重要である。たとえば、自宅や親そのもの、記念となる場所などの写真の収集、生い立ちについて丹念な調査を行った児童記録への記載、保管、子どもの出生や施設入所の理由について、子どもへ告知することについての親への同意を取ることなどである。子どもは、親が離婚したり、家出、あるいは親から虐待された際、自分が悪い子だったからそういう結果になったと思うことも多い。そういった間違ったファンタジーを、LSW を実施して認知を修正し、納得し、内面化していく必要がある。そのためにはできるだけ、事実などの情報を収集できている方が、子どもにその情報をそのまま伝えるのではないとしても、詳細な事実があると事実をもとにした意味付けをすることができ、その中で選択して子どもに伝えることもできる。

4. ライフストーリーワーク実施者になるためのトレーニング

必要だからといって、安易にLSW を実施するのは危険である。実施者向けのトレーニング・プログラムを作る必要がある。LSW は専門性が必要とされるが、日本ではスーパービジョンやトレーニングなど、まだ十分定着している段階ではない。本書では、その一助となるよう、トレーニングの方法について第4章に示した。

5. スーパービジョンができる人を養成する

LSWのスーパーバイザーを置く必要性がある。今後、LSWが数多く実施されるにしたがい、スーパービジョンできる人は誕生していくだろう。現在は、プライバシーの問題もあり、各地域限定で実施されている、ピア・スーパービジョンの方法が実際的であるが、ベテランのスーパーバイザーが誕生すべき時期にきている。どんな人がスーパーバイザーになれるのか、必須条件は何か、今後考えていく必要性がある。

6. 子どもに関する記録保管の体制づくり

LSWを実践する際に重要なことは、子どもと支援者との関係性であることは言うまでもない。しかし、実際に子どもの知る権利を保障するための基礎となるのは、SWやケアワーカーなどの支援者が作成する記録である。なぜなら、子どもの家族と連絡がつかない場合や支援者の人事異動や退職が多い日本の社会的養護の現場では、幼少時の状況や家族の情報などは記録に書かれたものをもとに子どもと支援者が理解していくしかないからだ。

しかし、現在、多くの児童相談所における入所・委託児童の児童記録の保管期限は25歳まで、あるいは措置・委託解除後5年間である。そして、生活の記録が作成され、保管されている児童福祉施設の記録は、統一された規則によって管理・開示されているわけではない。このことは、自分や自分の家族について身近な人に聞くことが困難なケアリーヴァー（社会的養護を出た人たち）が自分のことを知る上で大きな障壁となり得る。多くの人が結婚や出産、離別などを経験する25歳以降には、すでに自分の記録にアクセスする権利が十分保障されていないことを意味するのである。

今後は、ケアリーヴァーが自分の知りたい情報を生涯にわたって入手できるよう、記録の保管年限を延長する必要があるだろう（イギリスでは75～100年保管）。社会的養護にいる間と同様に、そこを離れた後の長い人生においても、当事者の「知る権利」を保障するには社会的養護という公的サービスの一環であるという意識に立った記録作成や記録保管制度を確立していくことが必要である。

7. ケアリーヴァー（社会的養護を出た人たち）への支援

現在、社会的養護のもとで暮らす子どもへのLSWの普及は進んできたと言えるが、ケア

リーヴァーへのLSWはほとんど行われていない。今後は、身近に自分の情報を教えてくれたり、ライフストーリーを更新する手助けをしてくれる家族がいないケアリーヴァーに対するLSWや、それに類する支援が必要だと思われる。

そのためには、すでに述べたように記録保管の長期化は最低限、必要なことである。その記録をもとに、社会的養護の期間中に行うLSWに追加する形で、ケアリーヴァーが記録の内容や意味を理解し、自分のライフストーリーに組み込むための支援が必要である。たとえば、10代では理解できなかった社会的養護のもとで暮らすことになった理由や親の状況について、30代になってから理解ができるようになり、親との再会を希望する場合もあるだろう。そのようなときに、記録に書かれている親の情報を伝えるだけでなく、数十年ぶりの再会を支援することもLSWやそれに類する支援だと言える。

このような支援を提供する場合、いくつかのメリットとリスクが想定できる。メリットして挙げられるのは、第1に、社会的養護の期間中に、すべての情報を子どもに伝達しようという支援者の焦りが軽減されることである。その結果、子どもの準備性に焦点を当てながら、そのときどきに子どもが受け止められる内容のLSWを子どものペースで進めていくことができる。仮に、社会的養護の期間中にすべての情報がカバーできなかったとしても、ケアリーヴァーとなってからLSWを継続すれば良いと考えることができれば、支援者としては安心である。第2に、ケアリーヴァーが自分のペース、タイミングでライフストーリーと向き合えることである。どこに行けば自分の記録や情報にアクセスできるかを知っていれば、自分のニーズや準備性に応じて記録にアクセスすることができる。家族との再会についても同様のことが言えるだろう。

一方で、ケアリーヴァーの記録が保管されたとしても、専門性の高い支援が用意されていない場合、リスクも想定することができる。第1に、ケアリーヴァーが十分な準備や知識がないままに新たな情報に向き合ったり、長年音信不通だった親と再会した場合（または拒絶された場合)、ケアリーヴァーはショックを受けたり傷つくこともあり得る。第2に、情報管理が適切に保管され、開示内容が精査されなければ、不適切な情報が不適切な相手に開示されることにつながりかねない。今後は、これらのメリットを活かし、リスクを軽減するための専門性の高い支援体制作りが必要である。

8. 他領域との住み分け

日本ではまだ、LSWの理念や方法などが固まっていない。トラウマへのアプローチやアタッチメントの問題を、LSWでどう扱うか、セラピーとLSWの関係整理など、さまざまな課題がある。実施する個人の専門性に依っているところも大きい。LSW独自の領域は何か、他領域との住み分けについて議論していく必要があろう。

（才村眞理・徳永祥子）

コラム

いつやるの？　今（入所中）でしょう！

草間吉夫（東北福祉大学特任教授）

４歳のころだったでしょうか。それとも５歳のころだったでしょうか。記憶は定かではありませんが、物心ついたとき、私の周りには大勢の子どもや大人がいました。残念ながら、そこは私の両親やきょうだいが住む家庭ではなく、50人の子どもと十数人の職員が生活する「臨海学園」（茨城県高萩市）という児童養護施設でした。施設に保管されている個人ケース記録によれば、私は生後３日目に乳児院「日赤乳児院」（同県水戸市）に入所したようです。そして、満２歳のときに措置変更されて臨海学園に入所したと記録されております。しかしながら、乳児院の記憶を、私はまったくもち合わせておりません。

母が入院していることを職員から教えられたのはいつごろだったか、それも定かではありません。私の乏しい記憶を辿ってみれば、小学生のときには母が入院していることを漠然と知っていたように思います。

母に生まれて初めて会った日のことは、はっきり覚えています。それは中学３年の夏の終わりです。とても衝撃的でした。普通の病院とはまったく違っていたからです。まず、人里から遠く離れた所に病院があったこと。病棟には開錠しなければ入れなかったこと。母が入院していた二階の病室へ行くにも、さらに開錠しなければならなかったこと。どれもこれも初めて目にする光景だっただけに、とてつもない衝撃を受け、凍り付いたことを今でも鮮明に憶えています。

私は奨学金を得て大学へ進学しましたが、手続き上、母の入院証明書が必要となり、病院から取り寄せたことがあります。書類には精神分裂病・糖尿病が記載されており、初めて母の正式な病名と入院理由を知りました。精神分裂病という病気は、かなりショッキングでした。将来に不安を抱き、医師資格をもつゼミの担当教授に相談したほどです。

婚姻届けを提出する際、初めて自分の戸籍というものを見ました。そこで大変驚いたことは、私は**婚外子**であると知ったことです。それまでは両親が離婚後、母が入院したため養育困難となり、私は施設生活することになったと思っていました。何の疑問ももたず、当然のように思っていたので、施設職員に両親のことを詳しく聞いたことはありませんでした。教えられたことも皆無です。

５つの事例を取り上げましたが、私の境遇は驚くことばかりです。驚きが倍加したのは、どれも初めて知った事柄ばかりだったからでしょう。でもなぜ私は、ショックや動揺を和らげられたのでしょうか？　それは、大学で児童福祉を学んでいたからです。児童養護施設に勤務していたからです。家庭をもち、親となったからです。社会的養護の研究者になったからです。これらのことが衝撃緩和に大きな効果を発揮したと思います。

でも、私の経験を一般化することはできません。同じキャリアを歩めないからです。性格や能力、適性も人それぞれに違うからです。ではどうすれば自分の境遇を受け止めることができるのか。「ライフストーリーワーク」という援助技術が、一解決法となる可能性があります。

入所中の子どもと信頼する職員の協働作業により、自分の生い立ちを時系列に整理していくプロセスは、自分自身と親（他者）に対する見方を深めてくれます。自己・他者受容の促進効果が現場から実践報告されています。

精神的自立の確立は、多面的自立を図る上で中核的基盤となります。ライフストーリーワークは、この基盤形成に欠かせない主要援助となっていくと確信しています。

それをいつやるの？　それは今（入所中）でしょう！

第2章 ライフストーリーワークの実践

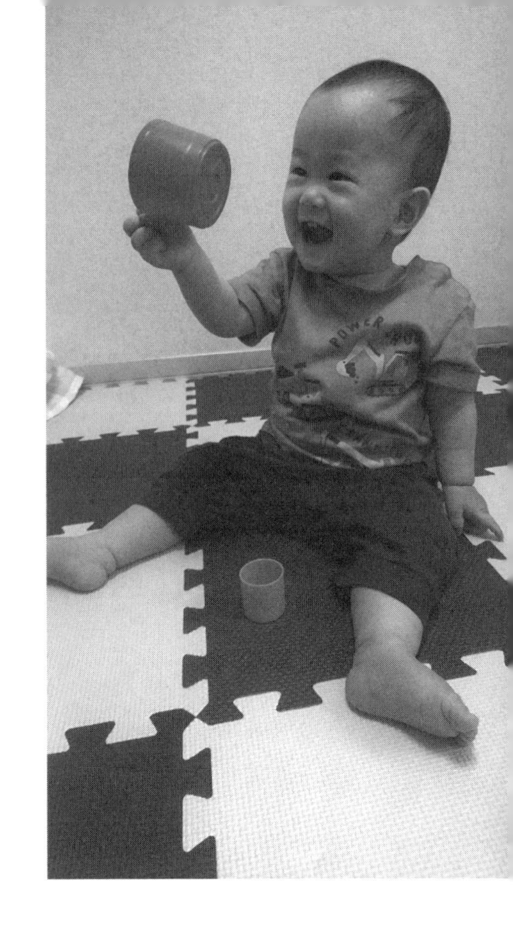

第1節　ライフストーリーワークを始めるにあたって

1. 実施者

ライフストーリーワークの実施者として考えられるのは、次のとおりである。

①児童相談所職員（ソーシャルワーカー＝SW（児童福祉司）、児童心理司＝CP（以下、CP）、医師など）

②施設職員（ファミリーソーシャルワーカー、施設心理士、ケアワーカーなど）

③里親

実際、それぞれの事例において誰が行うのかについては、役割分担を確認した上で、実施検討会議において十分に話し合って決めていく必要がある。

2. 実施者の意欲・専門性

LSWの実施者は、この子どもにLSWが必要だという意欲や覚悟、信念をもってほしい。繁忙な日常業務を抱えている児童相談所や施設の職員にとって、月に1～2回というペースであっても、大人の都合（緊急対応が生じたなど）でキャンセルしてはいけないという原則があるため負担感は大きい。特別に難しいことをするわけではないが、実施にあたっては、LSWに関する知識や技術を身に付けておきたい。それと同時に、価値・倫理の理解（生みの親に偏見をもたないなど）も求められる。そのため、実施前に基本的なトレーニングを受けることが望ましい。また、実施者をフォローできるチームワーク体制、スーパービジョン（以下、SV）体制も必要である。

3. LSW実施における多職種連携

LSWの実施に際して、児童相談所と施設・里親との連携は必須である。安全にLSWを実施するためには、日ごろから連携を取り、お互いの思いを共有し、信頼関係を築いておくことが求められる。

児童相談所職員が主体となって実施する場合、始めるにあたっては、施設の職員や里親が懸念する事項について丁寧に受け止めることが大切である。懸念される事項としては、「里親家庭で落ち着いて生活しているのに、マイナスの事実をわざわざ知らせる必要があるのか？」「もし子どもが問題行動を起こしたら……」「児童相談所職員が施設に来て実施してくれるならいいが、施設から児童相談所まで子どもを連れていく余裕がない」などが考えられる。そのため、「子どもの知る権利を保障する」ことの理念を共有できるかどうかがポイントである。

施設職員が主体となって実施する場合も上記と同様、児童相談所との連携は必須である。また、直接子どもを担当するケアワーカーは日常生活の中で子どもの気持ちを受け止めていく役割が大きいため、ファミリーSWや主任保育士や主任指導員など、少し離れた立場の職員がLSWの実施者となる方がよいと思われることもある。

施設職員・里親はLSWを実施する必要性を感じているが、児童相談所職員が実施に乗り気でない場合もある。児童相談所あるいは担当者により、そのモチベーションはさまざまであるのが現状であり、その必要性について粘り強く話し合っていく必要がある。

里親家庭に委託されている子どもにLSWを実施する場合は、児童相談所が実施者となって実施することが多く、その内容については里親とも共有し、理解を促すことが大事である。子どもによってはLSWに里親も一緒に参加するセッションをもつこともある。

LSWを行うことにより、子どもが一時的に不安定になることも予測される（喪失サイクルの「試し行動」の段階など。P.32参照）。施設や里親家庭全体が落ち着きをなくすことも考えられ、その際に、子どもの揺れや行動化を受け止めるだけの余裕がケアワーカーや里親にあるか、あるいは他に支援者がいるかなども検討した上で、実施するかどうかの考慮が必要である。子どもがLSWに取り組んでいることについては、直接の担当ケアワーカーだけではなく、その子どもの生活にかかわるスタッフ全員が知っているという状況が望ましい。

実施することが決まったら、想定される問題に対してどう対処していくのかについても検討する。LSWを行っている子どもの変化についてだけでなく、他の児童や職員がそれに反応していくことも含めて共有していくことが望まれる。また、子どもだけでなく、保護者からのアプローチなども想定し、問題に対して、誰が主として対応するかという役割についても、あらかじめ協議しておくのがよいだろう。

4. スーパービジョンと定期的な協議

(1) スーパーバイザーの役割

スーパーバイザーは実施者からのLSWの進行状況や子どもの様子などについて報告、相談を受け、助言を行う。具体的な役割については、次のとおりである。

・進行管理：全体的な支援計画との兼合いをみながら、LSWの進行管理を行う。

・行動化等の理解：生活の場で子どもが示す行動について、他のケアワーカーらが理解できるようサポートする。

・実施者や他の支援者の自己覚知：実施者や他の支援者の個人的問題がLSWの進行に影響することがある。そうした事態が生じていることをSVの中で指摘することは可能だが、支援者自身の個人的問題はSVとは別に整理する必要がある。

(2) スーパーバイザーの確保

LSW自体がまだ浸透していない現状では、スーパーバイザーを確保することは難しいかもしれないが、児童相談所であれば、個々のケースに対して助言を行う立場にある職員、施設内であれば、ケアワーカーらに助言を行い、施設全体の状態に目を配る職員が行っていくのが適当であろう。

こうした組織の上司からSVを受けるという方法以外に、LSWに取り組む同僚らと相互にSVを行う、「ピア・スーパービジョン」という方法もある。

(3) スーパーバイザーには何を報告すべきか

スーパーバイザーには、LSWが計画どおりに進んでいるか、枠組みが遵守されているかといったこと、毎回の子どもの様子や、ケアワーカーらから得た子どもの生活の様子、実施者自身がLSWの中で感じたこと、疑問に思ったことなどを報告する。その他、施設の状況や、情報を提供してくれる実親や親族の状況などについても、随時報告する。

(4) スーパービジョンを受けた内容をどう実践に生かすか

SVを受けたことについては、速やかに実践に移していく。もし、実践に困難がある場合には、どこに課題があるのかを検討し、スーパーバイザーに報告・相談する必要があるだろう。

(5) 関係機関との定期的な協議

児童相談所と施設・里親は、定期的に協議の機会をもち、子どもの状態や子どもについての情報などについて情報交換を行い、アセスメントを更新し、必要に応じて実施計画を見直していく必要がある。

（河野真寿美）

第2節　ライフストーリーワークの流れ

LSW を始める際の具体的なイメージは、以下のとおりである。

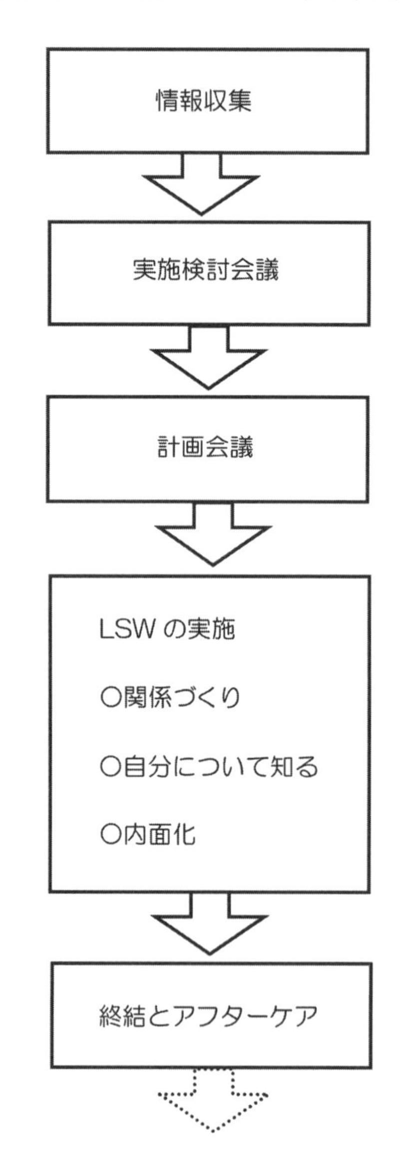

LSW実践の必要性のある子どもに出会った際は、まず不足している情報を整理し、情報収集から開始する。過去の経過も改めて見直し、そこから見えてくる子どもの課題を整理し、子どもの準備性が整っているか、今がLSWを実施するのに適した時期なのか、実施検討会議を行い、実践の適否を含めて丁寧に検討する必要がある。その際、各機関の担当者のみで検討するのではなく、上司を含め組織として共有することが重要である。なお、ソーシャルワークが整理できていない場合は、LSWよりもソーシャルワークの整理を優先すべきである。

実施検討会議においてLSWを実施することが決定すれば、次に計画会議を行う。計画会議は安全にLSWを進めていくために重要な意味をもつ。関係機関が一堂に会し、ケース全体の状況、子どもの状態像を共有し、LSWの内容だけでなく、LSW開始後に想定される課題も事前に検討する。現在落ち着いて生活している場合でも、LSWが進んでいくにつれて子どもの内面に働きかけるため、リスクを想定しておくことが望ましい。実施中、困難な状況になったときも、関係機関が協力して対応できる体制を事前に整えておく。

ここまで決まれば、次は子どもとの関係づくりである。LSWを進める前提として、子どもとの関係づくりは不可欠である。まずは子どもが実施者との間に安心できるような関係性を築けるようなかかわりが求められる。

その上で、最初からLSWを開始するのではなく、まずは導入を行う。そもそもLSWとは何か、なぜ今それをするのか、これからどんなことをするのかを説明し、子どもに今後の見通しを伝えることで安心感をもってもらう。これからどんなことが待ち受けているのか子どもには想像できないため、導入から抵抗が強い子どももいるが、支援者側がすぐにあきらめず、粘り強く取り組む姿勢が求められる。

導入が終わったら、LSWを開始する。現在の生活の振り返りなど、子どもが受け止めやすい情報から共有していくことが望ましい。LSWが一定程度進めば、子どもたちが新たに知った情報を一緒に整理する作業が必要である（内面化）。子どもたちの気持ちを受け止め、新たに知った事実や修正された事実に対する意味付けへのサポートをする。また、LSWが始まれば、機関内で適宜SVを受け、進捗状況の確認を含めて関係機関が集まって定期的に協議する。状況によっては、いったんLSWを中断したり、LSWの内容を変更したりすることが求められる。

予定していたLSWの終了に際し、改めてライフストーリーブックに情報をまとめなおしたり、実施者と一緒にできあがったブックを眺めたりすることで、LSWを振り返る機会となる。また終結にあたり、これからの見通し、希望などの未来について子どもと一緒に考えることで過去、現在から新しい未来につなげる視点をもってほしい。本来、LSWに終わりはなく、子どもが再開を希望すれば再度LSWを行うことも必要である。LSW終了後、日々の生活でフォローが必要な状態が生じていないか、実施後も注意深く様子を見守ることが望ましい（終結とアフターケア）。

（西川貴美）

第3節　情報を収集する

1. 子どもにとっての大切な「事実」

そもそも「事実」とは何だろう？　人はさまざまなできごとに意味付けをする。大切なことは、何が起こったかということ以上に、そのできごとが当事者にとってどのような意味をもつかということなのだろう。

子どもにとって大切な「事実」を、大人の目で「良いこと、悪いこと、悲惨なこと」と判断するべきではない。その事実に意味付けをして自分のものにしていくのは、子ども自身である。「悲惨だ」「かわいそうだ」と言って事実を隠そうとすることよりも、色付けしない事実を伝えて、子どもがそれを自分のストーリーとして整理していくことを支援することこそが大切なのである。

2. 事実としての記録の重要性

SW、ケアワーカー、里親など支援者として大切なことは、「事実」を記録することである。文字、写真、映像、その媒体はいろいろあるが、自分自身の歴史を記憶できない子どもに代わって、支援者は子どもの日常を記録する責務を負っている。

○子どもを預かるときに考えるべきこと（児童相談所）

乳幼児を社会的養護で預かるとき、SWはそのときの親のニーズを聞くだけで終わっていないだろうか。その子がやがて自分自身の拠って立つところを求める思春期・青年期を迎えるということを視野に入れて、SWは成長した子どもの「未来」をイメージして記録しておくべきだろう。社会的養護の子どもたちの中には、本人が家族や生い立ちを知りたいと思ったときには、直接父母や親族に聞くことができない状況にあることも少なくない。そのため、父母のやりとりの様子、そのとき住んでいた家や通っていた場所、きょうだいの様子などを、成長した子どもが尋ねるであろうことを予測して、今のその子とその子を取り巻く世界を記録していく。

ある子どもは幼児期から父母共に行方がわからず、母のイメージをもつこともできなかった。しかし児童記録の中に書かれていた、子どもの名前を母がこんな思いで名付けたという由来を伝えたところ、子どもの中ではそれが1つの拠り所となった経験もある。

○子どもの日々を記録すること（施設・里親など）

社会的養護のもとで生活をする日々も、その子どもの人生の1ページである。親もとで暮らす子どもは、「小さいころのぼくは、どんな子どもだったの？」と、何度でも繰り返し聞くことができる。社会的養護のもとで暮らす子どもたちは、尋ねる相手がいない。幼いころから同じ人がずっと傍にいてくれているわけではないからである。社会的養護のもとで生活する日々の暮らしの記録こそが、子どもの幼いころのことを語ってくれる。何が好きだったか、どんなことで大人を困らせたか、友だちとどんなことをして遊んでいたか、嬉しいときはどんな表情をしたか、どんなことに腹を立て、どんな風に駄々をこねた、ということなどである。ケアワーカーや里親が子どもの日々を記録するときにも、「ぼくって、どんな子だったの？」という問いに答えるつもりで取り組むことが大切である。

3. 情報を収集する

LSW を実施するときには、できるだけの情報を集めることが必要である。情報には、戸籍謄本などのように客観的な事実もあれば、「お母さんはお父さんのことを気難しい人だったと言っていた」など、誰かが話していた情報もある。また小さいころの子どもの写真や父母やきょうだいの写真、母子手帳、小さいころに好きだったぬいぐるみやお気に入りの服、子どもが作った作品なども、子どもがイメージしたり、実感したりする手助けになる。

しかし、子どもによっては非常に情報が少ない場合もある。子どもに探してほしいと頼まれても、無理なことも多くある。大人が探そうと努力した過程も説明をした上で、わからないことはわからないと子どもに伝えるしかないこともある。

また施設職員や里親が中心になって、LSW を実施していることもあるが、児童相談所の児童記録の内容、あるいは戸籍謄本や住民票など児童相談所でしか入手できない書類もあるため、その場合でも児童相談所の関与は不可欠であると考える。

児童相談所で集めることのできる情報の例

□児童記録（LSW に必要な情報を抜粋）。
□戸籍謄本、住民票を取り寄せる。家族関係を確認。
□場合によっては「改正前戸籍」「除籍謄本」なども必要。
□日本国籍以外の場合、外国人登録の内容。
□父母や親族などに面接や家庭訪問をする。
□普段はかかわりが少ない親族なども必要があればコンタクトを取ってみる。
□行方のわからない父母は再度探してみる。子どもにその過程を説明するためにも必要。ときには見つかる場合もある。
□非親権者の状況も確認する。
□現入所施設以前の施設、里親などから当時の状況を聞く。LSW の一環として、子どもや現施設職員と一緒に訪問し、情報収集することもある。

□在宅時にかかわっていた関係機関から状況を聞く。
保健センター、保育所、学校など（個人情報のため、調整は必要）。
□出生時から現在までの子どもや家族の写真。
□子どもにとって重要な場所の写真。
□子どもにとって思い出の品々。

施設で集めることのできる情報の例

□支援記録（LSW に必要なものを抜粋）。
・家族や親族との交流記録や情報
・母子手帳や親の直筆の記録
・印象的なエピソード
□子どもの写真、作品、通知表、ノート、手紙などを集める。
□子どもとの思い出を話せる職員から情報を聞く。
□退職した職員、学校教師、知人などからも聞く。
□父母や家族、親族から面会時などに、子どもの思い出や小さいころの話を聞く。

（新籾晃子）

第 4 節　開始の際の実施検討会議と計画会議

1. 開始のきっかけ

LSW は、本来であれば社会的養護のもとで暮らす子どもすべてに実施されることが望ましいが、人的にも時間的にも余裕のない日本の現状では難しい。その中で、始めるタイミングとしてはどのような状況が考えられるだろうか。

まずは、子どもからの自発的な家族にまつわる発言や問いかけがあるときである。このような問いは、日常生活場面で不意に聞かれることもあるし、児童相談所の担当者に話すこともある。たとえば、「私の親ってどこにいるの？　今、どうしているの？」「どうして私の親は会いにきてくれないの？」「どうして私は里親さんのところにいるの？」「どうしてきょうだいは家で暮らしているのに、私（ぼく）だけ施設にいるの？」などの問いである。

次に、ソーシャルワーク上で、担当者や施設職員・里親が子どもに事実を伝えることが必要と考える場合である。担当している子どもが祖母のことを実母と思い込んでいたり、里親が里子に真実告知をする際に、正確な家族関係やより詳しい生い立ちを伝えたいと思う場面などである。また、子どもが自立していく時期に、施設職員が、親や親族のかかわりが薄く、施設での生活を長期間続けてきた子どもに対して、施設を退所し１人で生きていく前に人生を整理する必要があると考える場合や、家族再統合により、子どもが施設や里親家庭から家族のもとへ帰っていく前に、子どもに対して施設入所や里親委託理由・家族関係について、職員が伝えておく必要があると思った場合が想定される。

2. アセスメント

LSWを始めようと考えた際、子どもにとって今が好機であるかどうか、課題は何か、どのような情報を収集すべきかといったアセスメントが重要である。「子どもの状態（子どものニーズを含む)」「今が適切な時期か」「実施者・関係者の準備」について、詳細に検討する。

(1) 子どもの状態について

子どもの施設での生活の様子、学校など施設以外での具体的な行動などから、生活状況や情緒面の安定について考える。家族背景や生活の場の変遷、入所理由、心理面での課題や強みを改めて整理する。

子どものニーズ・児童相談所や施設職員などの周囲のニーズの有無についても、確認することが重要である。子どものニーズについては、慎重に扱うべきである。明確に家族についての問いかけをする子どももいるし、心の中では疑問に思っていても言葉として表現されないことも多いからである。子どもが「知りたくない」と明確に拒否している場合以外は、少なくとも「知りたいと思うことが当然であり、知りたければ知ることができる」とのメッセージを送り、反応を見ることが必要である。

生まれた家庭やそれまで育った環境から離れ、新たな生活を始めた子どもの内面を理解する際、「喪失サイクル」を活用することが有効である。喪失サイクル（P.31参照）とは、子どもが失ったことを受け入れ、意味付け、より現実的に生き始めるようになるプロセスと言える。子ども自身が、生まれた家族から離れて暮らすということを受け入れていくプロセスである。

子どもが今どんな状態かを見極め、LSW開始の検討を行う。一般的には措置（委託）による生活の変化についての「ショック」→「否認」→「怒り」の段階を通り過ぎた「抑うつ」的な状態のときが、開始の好機であると言われている。自身の内面に目が向き、他者との関係性を築きやすい状態であるからだろう。大人が子どもの感情に向き合い、内的な揺れを受け止めることで、抑うつ的な状態から、「受容」→「試し行動」→「意味を求める」→「内面化」と

進む。子どもの心の動きをキャッチする大人の存在や、感情表現する機会がないと、長く社会的養護のもとにいても内面化まで進まず、「否認」や「怒り」を抱えたまま社会的自立や退所に至ることがある。LSW は、人生を受け入れ、前向きに進めるようになることを助ける1つの方法である。

また「喪失サイクル」は、LSW 開始後の子どもの状態把握のためにも活用することができる。知らなかった事実を知ったり、思っていた事実とは異なる事実があることが分かると、子どもはショックを受け、否認したり怒りの感情をもつ。感情を扱いあぐね、ワークを続けることに不安を感じ、拒否したり、怒りが前面に出たり、大人を試したりする。実施者や養育者はワークを続けられるのか不安に思うところだが、そのような状態のときほどワークを続け、子どもを支え続けることが重要である。自分がどのような反応をしても、実施者は自分を受け入れ、事実と向き合ってくれるとの安心感が構築されれば、子どもは自分の力で事実を受け止め、自分の人生に組み入れていく。子どもが揺れを示しているときの具体的なセッションの内容としては、新しい事実を伝えたり、計画していた内容を進めるのではなく、遊びなどを通じて子どもの進度を見守ることが望ましい。

①家から離されたショック。
②措置される（施設入所や里親委託などにより、新しい養育者のもとへ）。
③否認・最小化：そんなことが自分に起こったことを信じられない、ショックすぎて凍りつく。あるいは、すぐにまた家族のもとに帰って一緒に暮らせるという否認状態。
④怒り：問題行動で表現、もしくは、SW やケアワーカー、里親に怒りを向ける。自分に怒りを向けて自傷行為をする。
⑤抑うつ：自分には何の価値もないという気持ちを表現、身体化して体の病気で表現、何らかの強迫行動。
　※ LSW を始める好機。⑥から⑨のプロセスを、LSW を通してサポート。
⑥受容：何が起こったのかを受け入れる。怖い気持ちもあるため、この人といて大丈夫と思える信頼関係を作ることが大事。安全な場所と感じさせる。
⑦試し行動：落ち着きがなくなる。自分の本当の気持ちや、ヒストリーを受け入れてくれるのか、わかっても受け入れてくれるのか、親のように捨てるのではないかと試す。
　※ここで LSW をやめてしまいがち。でも、あきらめない!!　ここが正念場！
⑧意味を求める：子どもが大丈夫と感じられると、自分の心を開いたり、バリアを低くしてくる。自分の人生に起こったことについて、これまでと違った捉え方、意味付けをする

⑨内面化：新しいメッセージを自分に定着させる。自分にもいいところがある、これまでわからなかったが、自分が何者かがわかる、何をしていきたいか選択できるようになる。

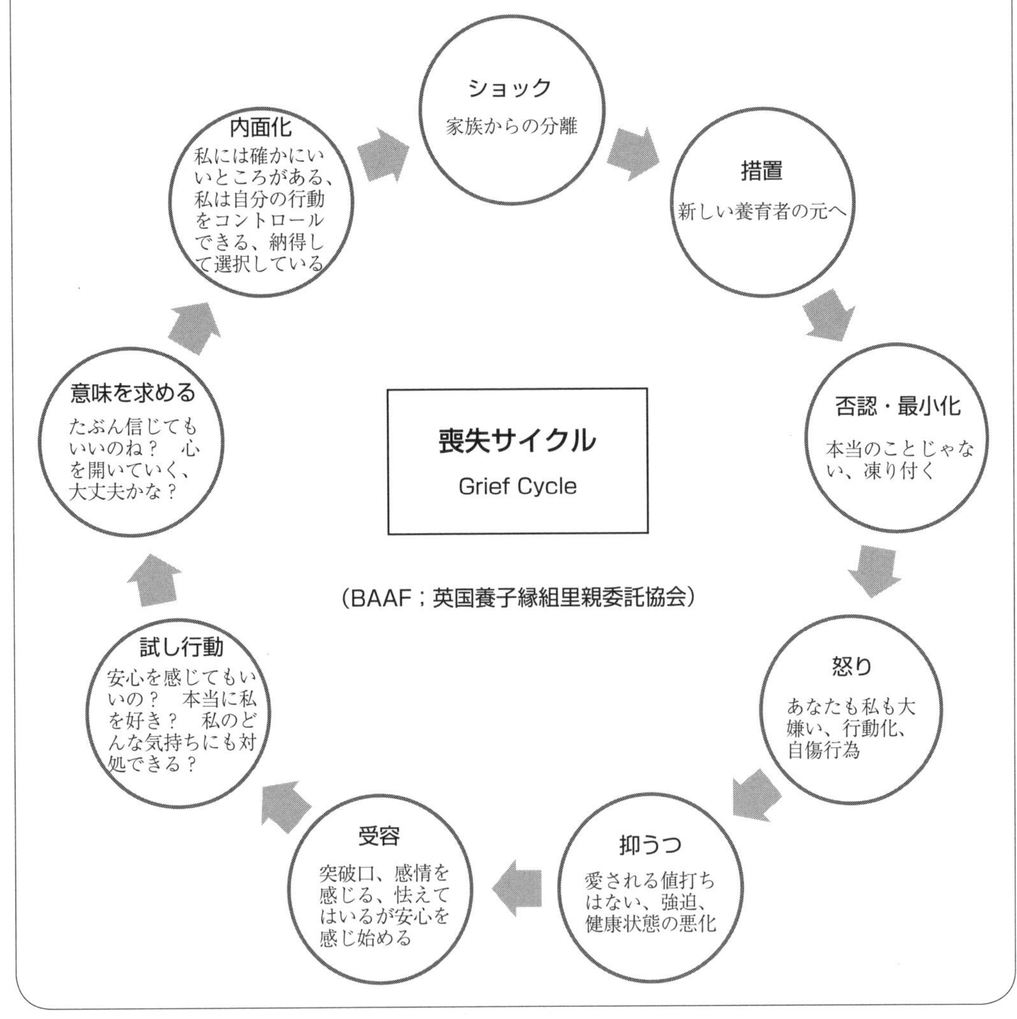

(2) 今が適切な時期か

子どもの状態に加え、今後の予定されているソーシャルワークの展開も十分に検討されるべきである。

実施に際しては、今行うことのメリットとリスクをあらかじめ想定しておくことが大切である。予測できていれば、対応もよりしやすくなるであろうし、子どもにかかわる職員の不安も大いに軽減される。当然のことながら、リスクがメリットを上回る状況であれば、時期尚早という判断がなされるであろう。

①措置について

生活の場の変更は、子どもに大きな揺れが生じるため、施設の措置変更や里親委託が、直近に予定されていない状況で始めることが望ましい。措置の計画との兼ね合いを考えながら、現在の施設生活に一定の落ち着きが見られるときが、タイミングと言えるだろう。措置を担う児童相談所との連携・協力なしにLSWを進めていくことは危険をはらむ。

②施設・里親家庭全体の状況

LSWを行うことにより、子どもが一時的に不安定になることも予測される（喪失サイクルの「試し行動」の段階など）。施設や里親家庭全体が落ち着きをなくし、子どもの揺れや行動化を受け止めるだけの余裕がケアワーカーや里親にないときに実施することについても、考慮が必要である。子どもがワークに取り組んでいることについては、直接の担当ケアワーカーだけではなく、その子どもの生活にかかわるスタッフ全員が知っているという状況が望ましい。

③子どもの生活を見るケアワーカー・里親の状況

施設・里親家庭の状況と同時に、子どもの生活にかかわるケアワーカーや里親の状況もまた重要である。子どもの行動や反応にとりわけ留意することが望ましいため、ケアワーカーや里親自身が深刻な課題を抱えている状況下では、そうした反応を適切に捉えることが難しくなることが予測されることを念頭に置く必要があるだろう。

2011年、大阪ライフストーリー研究会では、ケアワーカーにインタビューを実施した*。結果、LSWを実施する意義は認めるものの、いざ取り組むとなると、さまざまな心配にとらわれることが理解できた。主な課題としては以下の通りである。

●職員配置の課題 →「問題を抑えたい」「負担を減らしたい」という職員の思い

職員の配置基準が、子どものニーズに比して絶対的に不足していることもあり、施設の職員全体に、でき得る限り問題を抑えたい、負担を減らしたいという思いが強い。LSWを実施することで、「寝た子を起こす」ような事態となり、これまで表面化していなかった葛藤が行動化され、それが他の児童にも連鎖して児童集団が不安定になるのではないか、その結果、ただでさえ負担の大きい勤務が一層大変なものになっていくのではないかという恐れが非常に大きい。

●子どもの最善の利益 →知る権利を保障したい

上記のような負担感や恐れはあるものの、子どもにかかわる専門職として、子どもの最善の利益を保障したいという思いも強い。家族のことや、施設にいる理由を、子どもから問いかけられたことのない職員は、まずいない。子どもが知りたいと思っていることをきちんと伝えたい、問われて「わからない」ではなく、知り得る範囲の事実を、子どものわかる言葉で伝えたいと思っている。それゆえに、適切に答えられなかったことに対して感じた不全感は、多くの職員に共通するものと言えるだろう。

●管理者への働きかけ（組織としての理解と支援）→機関の状況を理解した上で、職員の不安に応えるコンサルテーションの必要性

> 負担感や恐れと不全感の狭間でジレンマを感じる職員の不安に対して、リスクを予測して対応を検討するなど、枠組みを整えることで対応し、施設全体で理解を深めて取り組みを支援していく体制を整える必要を、施設管理者に伝えていくということも重要である。施設のみに負担を課すのではなく、児童相談所やその他の関係機関が協働し、チームで支えていく体制を整えるなどの工夫も必要となるだろう。
>
> ＊出典：KAKEN　科学研究費助成事業データベース　研究成果報告書（PDF）：研究課題名「子どもの知る権利擁護におけるライフストーリーワークのあり方」（研究代表者：才村眞理、研究期間：2009-2011）

④児童相談所の状況

児童相談所側も同様の課題を抱えていると考えられる。他の業務との兼ね合い、子どもの権利を守りたいという理念との狭間での葛藤がある。イギリスのように法律で実施が義務付けられている状況下にない中で、組織としてのコンセンサスのもと実施していくのは、簡単ではない。子どもにとっての意義を、カンファレンスなどを通して共有しながら、できるところから一歩ずつ進めていく必要がある。「子どもの知る権利を保障する」ことの理念を共有できるかどうかがポイントであり、LSW を実施すると思春期の問題行動の抑制につながる可能性もあることも、実施の意義の１つである。

⑤ケアワーカー・里親と児童相談所の連携

子どもの措置（委託）についての両輪である、児童相談所と施設・里親との連携なしでは LSW の実施はあり得ない。実施の前提として、児童相談所の職員と施設の職員とが日常的にスムーズに連携を取り合えているかどうかがある。前提としての基本的な仕事ができていない中で、児童相談所側と施設側との連携はあり得ないし、LSW の実施も考えられない。日常的に基本的な信頼関係を築いておくことが大切である。

(3) 実施者・関係者の準備

開始にあたってはさまざまな準備が必要であるが、本人・保護者への説明と同意は必要不可欠な要素であり、同意が得られない場合は開始することができない。また、開始後は新たな事実に直面した子どもが一時的に行動化するなどのリスクが予測されるため、SV 体制も含めたマネジメントについて、事前に準備しておく必要がある。

①本人・保護者・関係者への説明と同意

LSW を実施するにあたっては、子どもがなぜ社会的養護のもとにいるのか、その理由を扱うことになるため、保護者のかかわりがある場合には、保護者の理解と協力が必要である。保護者は、自分自身が子どもから否定的に捉えられることについて不安や恐れを抱いているために、LSW に取り組むことに反対したり、協力を拒むことが少なくないかもしれない。子どもにとって、どんな意味があるのかということを説明し、理解と協力を引き出していくことが必要である。

保護者にできるだけ、LSW の趣旨を説明して同意を求め協力関係を築くことが望ましい。その際に、子どものためだけに行うのではなく、保護者にとってもメリットがあると説明できればなお良い。

たとえば、「アルバムを作りたい」「子どもも思春期に入って自分の生い立ちを知りたいと思っている」「子どもから『生い立ちを知りたい』との発言があった」「家庭引き取りに向けて、これまでのことを整理しましょう」「子どもが親の事情についての理解が進むことも期待できますよ」「将来の親子関係が良くなる可能性が高いでしょう」などの説明が伝わりやすい。内容によっては保護者から直接子どもに伝えた方が良いと判断されることもある。そのような場合、保護者にも参加してもらえるよう約束しておく。

どんな反応が生じるかについて不安や恐れを抱くのは、保護者も同じである。そうした気持ちも受け止めながら、理解を得るよう話を進めていくことが大切である。

②実施中のマネジメント

実施者に対して、誰がどのような頻度で SV を行えるのか、日常における変化を把握できる体制をいかに構築できるかについてアセスメントする。行動化や情緒不安定な状態に陥った場合の支援体制やチームワーク、報告・相談ルートについても検討しておくことが望ましい。

3. 実施検討会議

一定のアセスメントが終了した後に、関係者で実施検討会議を開き、現時点で LSW を実施するのか、実施しないとすれば優先する課題が何で、どの時点での実施を目標にするかを決定する。アセスメント情報が不足していたり、さらなる精査が必要な場合は、アセスメントをし直した後、再び会議を開催することもある。

いずれにしても必要なアセスメントを入念に行うこと、周囲の大人が現時点での開始の必要性を感じ、実施に同意していることが必須である。

4. 計画会議

開始することが決定したら、計画会議を実施する。これは LSW 実施前提での会議である。計画会議は、「枠組み」ともなるべきものであり、安全に LSW を進めていくために、重要な意味をもつ。

参加者は、SW、CP、医師、施設長、ファミリー SW、施設心理士、ケアワーカー、学校関係者、保護者・親族などが想定される。参加メンバーで LSW の目標を共有し、何を伝えるか検討する。

(1) 実施の枠組み

誰が実施するのか、どのくらいの頻度で、何曜日のどの時間帯に、どこで（どの部屋で）実施するのかなどの枠組みを決定する。LSW は、本来的には子どもが一旦終了する気持ちになるまで続けるものとのことであるが、日本の現状では、職員異動の関係もあり、年度内に一旦終わるつもりで、子どもと約束をしていくことになるだろう。LSW を実施する日はいつなのか、いつまで続くのかを、子どもが常に予測でき、その期待どおりに確実に行われるということが大切であり、決められた枠組みはきちんと守っていく必要がある。それだけに、実施可能性を現実的に検討して決めていく必要がある。

(2) 問題（想定されるリスク）への対応策の検討

実施の方向が決まったら、想定される問題に対して、どう対処していくのかについても検討する。LSW を行っている子どもの変化についてだけでなく、他の児童や職員がそれに反応していくことも含めて共有していくことが望まれる。子どもだけでなく、保護者からのアプローチなども想定し、問題に対して、誰が主として対応するかという役割についても、あらかじめ協議しておく方が良いだろう。

5. LSW 開始にあたってのチェック項目

チェック項目とは、LSW を実施していくにあたり、子どもの状態を把握し、どのような LSW を実施するか考える際に、記入しておくチェックリストのことである。

まず実施検討会議では、記入項目の中の「子どもの状態」「今が適切な時期か」「実施者・関係者の準備」を実施検討会議の前に情報収集しておく。そして会議の中で、LSW を実施するかどうかを検討する。実施する場合は、次に行う計画会議でもこのチェック項目を引き続き使用する。

計画会議では、チェック項目について、実施検討会議で共有した「子どもの状態」「今が適切な時期か」「実施者・関係者の準備」に加えて、「LSW の内容」について検討する。関係者でその LSW の目的や子どもに何を伝えるのかについて話し合った内容を共有する際に、このチェック項目を用いる。

保護者や子どもへの説明は、場合によって、実施の直前になるかもしれない。計画会議で共有できない情報があった場合、実施する前に再度、共有・検討する機会をもつことが必要である。

（南まどか）

ＬＳＷ開始にあたってのチェック項目

SW;ソーシャルワーカー、CP;児童心理司

【会議開催日：　　年　　月　　日】

【参加者：　　　　　　　　　　　　　　　　　　　　】

子どもの状態について	
児童氏名（性別）	
児童の生年月日・ 年齢・学年	年　　月　　日生　（　　歳） 学年：
児童相談所の 担当SW・CP	
施設担当者	
ジェノグラム （家系図）	
本人のニーズについて	本人のニーズ □ある　　□なし　　□不明 →ある場合、または不明でも本人の言動等からニーズがあるように感じられる場合は、その内容を記入 （例：家族のことを知りたいと話す） （　　　　） 周囲のニーズ □ある　　□なし →ある場合はその内容を記入 （例：誰が→児童相談所・入所施設・家族など どのように→家族再統合、自立に向けて） （　　　　）

<table>
<tr><td>現在の生活状況</td><td>ここでは、子どもの施設での生活、学校など施設以外での具体的な様子などを記入し、子どもの生活状況が安定しているかどうかを確認する。</td></tr>
<tr><td>心理所見</td><td>□心理所見

□その他
（　　　　）

その他、子どもの「強み」や行動をチェックする質問紙を活用した場合にその内容について記入。喪失サイクルに基づいて考える。</td></tr>
<tr><td>医療記録・既往症</td><td></td></tr>
<tr><td>自立支援計画の内容と進捗状況</td><td></td></tr>
<tr><td>現在の家族の状況</td><td>実父母や親族の状況。本人が複数の養育者に育てられている場合、それぞれの養育者の現況。
（例）居住地、連絡がとれるかどうか、本人との交流、など。</td></tr>
<tr><td colspan="2">今が適切な時期か</td></tr>
<tr><td>今が適切な時期か心理治療などＬＳＷより優先すべきことはないか</td><td>LSWを実施するのに今が適切な時期であるかどうかを再度確認する。なお、環境の設定や心理治療などLSWより優先して行うべきことがある場合には、実施の時期を検討する。</td></tr>
</table>

ＬＳＷのメリットとリスクを考慮した結果、メリットが上回るか	□実施するメリット （　　　　） □実施した場合のリスク／留意点 （　　　　）
実施者・関係者の準備	
情報収集はできているか	・保護者に関する情報　（十分・不十分・情報がない） ・きょうだい・親族に関する情報（十分・不十分・情報がない） ・移動の記録　（十分・不十分・情報がない） ・今後集めるべき情報・課題 （　　　　）
保護者（親族）の同意と説明	□父 （いつ？　　　誰が？　　　） （説明内容と父の意見） □母 （いつ？　　　誰が？　　　） （説明内容と母の意見） □祖父母 （いつ？　　　誰が？　　　） （説明内容と祖父母の意見）

いつ、誰がその人にどのような内容で説明を行ったのか、またその人の意見について確認。

	□その他（　　　　　　　　） （いつ？　　　　誰が？　　　　　　　　　） （説明内容とその人の意見） □保護者・親族が死別・行方不明
本人への同意	□いつ？（　　　　　　　） □誰が？（　　　　　　　　　　） □説明内容と本人の意見 （　　　　　　　　　　　　）
関係者への説明	□担当者以外の児童相談所職員 （ □担当者以外の施設職員 （ □学校・幼稚園など関係者 （　　　　　　　　　　） □その他 （　　　　　　　　　　）
ＬＳＷ実施中におけるマネジメント	□実施者へのＳＶ ・誰が？ ・どのような頻度で？ □その他（実施中の子どもの状態を把握する体制づくり）

（　）内には説明をした人を挙げる。（例）主任、担任など。必要に応じて、どのように説明しているか、または今後するのかその内容についても記入。

実施者に対して、誰が、どのような頻度でＳＶを行うのかについて記入。
その他については、施設や里親家庭、児童相談所が本人の日常生活における変化をキャッチできる体制づくりについて記入。

LSW の内容	
今回のＬＳＷを実施するにあたっての目標	どんな内容をどこまで伝えるか。短期的な目標と長期的な目標を考える。（例）子どもが入所した理由を知る、子どもが実母の情報（名前、生年月日、現在の状況）を知る、自分がこれまでどのような生活をしてきたかや自分自身を振り返りアイデンティティの確立を図る。
実施者	
ＬＳＷの実施期間と頻度	いつから ［　　年　　月］ ～ いつまで（予定）［　　年　　月］ 頻度 ［　　　回／　　週 ・ 月］
実施する場所	
いくつかのセッションに単発で参加する関係者の必要性とタイミング	□必要 誰を？（　　　） どのタイミングで？ （　　　） その目的 （　　　） □今回はなし
ＬＳＷを通じて本人に伝える情報	

ライフストーリーブック（ブック）の使用	□する 　　□全部 　　□一部（どの章？　　　　　　　　　　） 　　□ブックの保管場所・方法 　　（　　　　　　　　　　　　　　　　） □しない
関係者の次回カンファレンスの時期や見直しの時期はいつか	
子どもと人や場所を訪問するセッションが必要か	□必要 　→訪問先（　　　　　　　　　　　　） 　　時期（　　　　　　　　） 　会う人（　　　　　　　　　　　　） □必要なし
準備するもの	□写真・学校の記録等 □母子手帳の記録 □文具類・トレジャーボックス・ファイル □その他

【次回カンファレンス：　　年　　月　　日　　時～（場所　　　　　　　　　　）】

第5節　子どもに気持ちを表わす「ことば」を与える

1. 社会的養護のもとで暮らす子どもたち

情緒の発達が未成熟な幼い子どもたちにとって、親（養育者）との分離はトラウマとなる可能性がある。分離や喪失といった体験は、たとえそれ自体によって実際には命が脅かされるということはなかったとしても、幼い子どもには命にかかわることのように感じられるだろう。そしてこうした子どもたちのトラウマ性ストレスの影響は破壊的であり、子どもの不適応を招くような形で現れる。子どもたちは、他者とかかわる能力を損なわれ、学校でもうまくやれず、自分の感情や行動をコントロールすることが難しくなってしまうのである。

一般的に、トラウマとなるような状況に置かれると、子どもは圧倒されて、強い情緒的ないし身体的反応ができなくなってしまう。恐怖や不安、憎しみ、無力感、激しい混乱といった強い感情を感じることは、その子どもの身体的・心理的安全感を脅かすものとなるからである。解離のような反応をするようになることもあり、そうした反応が当たり前のように起こるようになると、健全な発達が損なわれてくる。

生まれた家族との分離や、その後の養育者との別れを体験した子どもたちは、自分自身の安全感を損なうような、苦しくてどうしようもない気持ちに圧倒されないようにするため、感情自体を感じないようにしている。そうした状態が長く続くと、気持ちを表現する「ことば」も、その程度を表す方法も身に付かず、そしてそれを他の人に伝えて共感される体験ももち合わせていないということになる場合が少なくないのである。

2. トラウマインフォームド・ケア——子どものトラウマを踏まえた支援

LSW は、単に子どもと事実関係の整理をする作業ではない。子どもが自分のこれまでの人生を理解し、自分自身の中に納めていくプロセスであり、それには当然のことながら、遭遇したことへの「感情」が伴うものであるはずだ。

ところが、先に述べたように、トラウマを負った子どもたちは、感情に圧倒されることを恐れて麻痺させてしまうか、あるいは爆発させて翻弄されてしまうということになりがちであり、感情を自分で制御しているという感覚をもちにくい。こうした子どもたちが、実施者との間に安心感を築いて、肯定的感情も否定的感情も表現できるようになっていくためには、以下のようなトラウマの心理教育を含めた、安全の土台づくりが大切になる。

とても怖いことや自分ではどうしようもないことが起こると、誰だって不安になるし、感

じないようにしたり、考えないようにすることもある。あるいは、また怖いことが起こるのではないかとずっと警戒していて落ち着かなくなることもある。周りの大人や友だちが言ったことやしたこと、あるいは部屋の匂いや、何かの物音から、怖かった体験の記憶が急に戻ってくることがある。そういう記憶が昔のことだと思えなくて、まるで今また起こっているみたいに感じて、すごく怖くなったり、腹が立ったりして、暴れてしまったりすることがあるかもしれない。ときには、昔の記憶がよみがえったとたんに、周りのことが見えなくなってしまうこともある。こうしたことは、おかしいことではなくて、とても怖いことや自分ではどうしようもないことが起こった人なら、当然起こってくることなんだ。でも、今起こっているみたいに思えることは昔のことであって、今はもう安全だから、落ち着く方法も練習できるし、そうしているうちに、自分をうまくコントロールできるようになるよ。

このように、トラウマの影響について、繰り返し子どもに伝えながら、呼吸法や子どもなりの落ち着く方法を一緒に練習していくということは、LSW に入る前にも、また始まった後にも繰り返すだけの価値があることだと言えるだろう。

3. 気持ちを表現できる「ことば」と安心を与える

感情の発達が損なわれている子どもの場合、その前段階となる感覚の共有からスタートする方が、実施者との間に「安心感」を育む上で有効だと考えられる。嗅覚、触覚、聴覚、視覚を通した「感覚」を共有し、子どもが落ち着ける、あるいは子どもが好む「感覚」に実施者の方が寄り添うところからスタートし、徐々に子ども自身が「感情」に気づき、表現し、他者と共有できるように促していくことになるだろう。

子どもがどの程度気持ちを特定して、表現することができるのかをアセスメントしながら、一連の気持ちを同定したり、表現するようなワークを通して、気持ちを表現する「ことば」を増やし、子どもが不安にかられることなく、気持ちを表現できるように促していく必要がある。LSW を進めていくためには、こうして子どもと実施者の間に、気持ちをオープンに伝えることができる信頼関係を築いていくことが欠かせないのである。

感情の学習は、嬉しい（心地良い）とき、イライラする（いやな）ときはどんなときなのかといった快－不快を感じる状況の共有から始めて、少しずつ気持ちを表すことばを増やしていく。気持ちのバリエーションが増えることで、どんな状況でどんな気持ちを感じがちなのか、不安や怒りを感じるのはどういう場合なのか、といったことを共有できるようになり、やがて、どんなことが引き金となって強い不安が掻き立てられるのかといったことも、子どもと一緒に明らかにしていくこともできるだろう。またそうした気持ちを体のどこで感じるのか、逆に体がどんな反応をしているときにこの気持ちを感じているのかなど、生理的反応と情緒的反

応の関係も子どもと一緒に探究していくことで、より気持ちに自覚的になることもできるだろう。

さらに、気持ちの強さを温度計で表現することなども学習すれば、子どもは自分がどんな気持ちをどのくらい強く感じているかを実施者や養育者と共有できるようになり、落ち着く方法を用いることによって、どれほど気持ちの温度を下げることができたかを報告することもできる。トラウマの心理教育と感情の学習を通して、子どもの自己コントロール感は徐々に回復していくだろう。

【感情のワークの例】

①嬉しいとき－腹が立つとき（快－不快）
どんなとき嬉しいと感じるか。
どんなとき腹が立ったり嫌な気持ちになるのか。

②気持ちのリストづくり
気持ちを表すことばを、できるだけたくさん書き出す。
実施者と養育者も一緒に実施することもできる。

③気持ちと状況のマッチング
a）書き出された気持ちを見ながら、最近そういう気持ちになったのはどんな状況であったかを、実施者と子どもが交互に話す。
b）こんな状況のときには、どんな気持ちになるのかを話し合う。

④気持ちと表情
こんな気持ちのときは、どんな表情になるかをカードに書いていく。
（子どもと一緒に感情カードを作る）

⑤気持ちとジェスチャー
感情の書いたカードを引いて、そこに書かれている感情を身振りで表現をしてあてっこをする（施設の先生、里親も一緒にゲーム感覚で実施すると楽しめる）。

⑥気持ちと体
怒り、不安、落ち込みなどを感じているときに、自分の体はどんなふうになっているかを考える。ジェスチャーゲームで表現されたものを、改めて考える。

⑦カラー・ユア・ライフ・テクニック
気持ちに対応する色を決める。　（例）怒り⇒赤、悲しみ⇒青
人型の絵を提示し、体のどの部分でどんな気持ちを感じるかを考えて、そこをその色で塗り絵をしてもらう。表現されたそれぞれの気持ちについて、どうしてそんな気持ちがしているのかなど、日常生活についても話ができる。

⑧ハートのワーク（同時に感じる気持ち）

ハート（輪郭だけ）の絵を描いて、そこに、今感じている気持ちを色で表現して塗っていく。強く感じる気持ちは色を塗る面積が大きくなる。それぞれの色がどんな気持ちを表しているのか、どうしてそんな気持ちがするのかを話し合うこともできる。

人は、ある状況で１つ以上の感情をもつのが普通で、嬉しい、楽しいといった肯定的な感情と、寂しい、不安、怒りといった否定的感情を同時に感じるのも普通のことであるということを子どもに伝えることができる。

⇒たとえば、お母さんについても、「好き」－「嫌い」、「腹が立つ」－「恋しい」の二者択一ではなく、正反対の気持ちを同時に感じているのが普通なのだということを伝えて、否定的な気持ちも、肯定的な気持ちも、不安にならずに表現していいのだということを子どもが理解できるようになる。

⑨気持ちの温度計

こういうときに、どんな気持ちをどのくらいの強さで感じるかを温度で表現する。激しい気持ちに圧倒されるのではないかと不安を感じている子どももいるが、気持ちの強さを「温度」で表現させることで、実施者や養育者と共有できるように促していく。

⑩こころの救急箱

気持ちをコントロールするのに役立つ方法を、救急箱の絵の中に書きためていく。子ども自身がやっている健全な方法を書きくわえることと併せて、呼吸法や筋弛緩法、イメージ法など、実施者が教えたリラクゼーション法も練習して書き込んでいく。

⇒気持ちの温度が高くなったら、呼吸法や筋弛緩法などをして、温度を下げることができることを実感させ、子どもが強い気持ちを感じることへの不安を低減させていく。子どもが気持ちをコントロールする方法を使って、１度でも温度を下げることができたら、すかさず褒めることが大切である。

〈引用・参考文献〉

・大阪教育大学学校危機メンタルサポートセンター・兵庫県こころのケアセンター、他（訳）『あなただけの大切なTF-CBTワークブック』 2012年
　＊原著：YOUR VERY OWN TF-CBT WORKBOOK by A. Hendricks, J. A. Cohen, A. P. Mannarino, and E. Deblinger.
・ティモシーJ. カーン（著） 藤岡淳子（監訳）『回復への道のり――ロードマップ』誠信書房 2009年
・野坂祐子・浅野恭子（著）『マイステップ 性被害を受けた子どもと支援者のための心理教育』誠信書房 2016年

こうした一連のワークを通じて、実施者と子どもの間で、気持ちについてオープンに話し合える土壌づくりをすることで、子どもが過去に向き合うための準備ができていくと考えられる。

4. 生活とセラピーとLSW

子どもが自分の気持ちを安心して表現できるようになるには、生活支援とセラピー、LSWを連動させることを考慮する必要がある。感情のワークで学ぶことは、生活を支援するケアワーカーやセラピスト、LSWの実施者との間でも同じように共有され、子どもの感情表現を支えていくことが望まれる。

生活場面では、子どもの気持ちを言葉にしていくことを支援し、気持ちやその強さを理解していることを、ケアワーカーの声のトーンや表情で示していくことで、子どもは内的に感じていることを、ケアワーカーに共感されていると感じ取ることができるだろう。そして、徐々に、行動化するのではなくことばで気持ちを伝え、ケアワーカーの共感を得ることで情動コントロールすることができるようになる。そうしたやりとりはまた、子どものケアワーカーへのアタッチメントを安定させることにもつながるだろう。

セラピーやLSWは、こうした生活内の子どもとケアワーカーの関係を安定させることを前提として、あるいは、それを強化する形で進めていくことが重要であり、こうしたアタッチメントの強化や、自分の気持ちを扱うスキルの獲得は、子どもが自分の過去に向き合うための土台となるのである。

（浅野恭子）

第6節　ライフストーリーワークの技法及びブック作成

LSWを実際にする際には、さまざまな技法がある。市販のライフストーリーブック（以下、「市販ブック」と略す）を使用するか、あるいはその中から必要な内容を選択して使用する場合もある。さらに個々の子どもに合わせてアレンジをしたライフストーリーブックを実施者が作成する場合もある。また実際の場所を訪問するなどの（ライフストーリーブックを作成すること以外の）ワークの技法もある。現状ではLSWができるセッション数も限られており、必要と思われる内容を取捨選択しながら工夫をしている。ただし、LSWの経験が少ない実施者にとっては、市販ブックを中心に使用することは、よりLSWに取り組みやすくなるということもある。

市販ブックはすべてを必ず網羅して行うのではなく、子どもと共に取り組むべき章を子どもや実施者が選んで実施する。また選ばれた章は、現在→過去→未来へと流れるように順番を入れ替え、基本的には子どもの負担を考えて取り組む最初の時期には、過去を取り扱わないようにすることが多い。まずは現在、子どもが安心、安全に生活ができていること、子どもの周りには支えてくれる大人や友だちがいることを先に確認している。その上で厳しい現実も伝えていくように配慮している。しかし子どもの意思や年齢などにより、あえて過去から現在、未来を取り扱う方がいい場合もあるため、計画会議では関係する機関の職員で検討する必要がある。

なお、LSWを実施するということは単にライフストーリーブックの作成やその他の技法を行えばいいというものではなく、子どもを身近で支える大人や実施者との関係づくりが大前提として求められる。その前提があってこそ、LSWの内容に関連した事実や気持ちを子どもが表現したり、その内容を深めたりすることができる。決してライフストーリーブックを仕上げること、きれいな作品を作ることが目的ではないことを強調しておきたい。子どもの意思などの状況や内容によっては、ブックを作成しない場合もある。

＊市販のライフストーリーブック
才村眞理（編著）『生まれた家族から離れて暮らす子どもたちのためのライフストーリーブック』福村出版 2009年

1. ライフストーリーワークの導入

①LSW実施の説明

LSWを実施することが適当であると判断したとき、子どもへの説明が必要である。これまでの生活歴や家族状況、子どもの年齢などでLSWの内容は子どもそれぞれに違うが、誰と一緒に、どんなことを、どれくらいの頻度で実施しようとしているのかなどを、子どもの気持ちに沿いながら説明をする。子どもからの質問や知りたいことのニーズも聞き、実施者と子どもで共有する過程はLSWの第一歩である。子どもは知りたい気持ちと知るのが怖い気持ちの両方が葛藤している場合が多く、表現される言葉だけではなく、子どもの複雑な気持ちをくみ取りながら、休みたくなったり、止めたくなったりしたときはそう伝えてくれたらいいことなども確認しておく。

しかし、話をするだけで子どもが具体的なイメージをもつことは難しいことも多いため、大阪ライフストーリー研究会で『ライフストーリーワークって何？　～子どものためのガイドブック～』を作成した。例として実際に子どもの言葉や絵を載せながら、わかりやすく簡単に文章と絵で説明をしているため、LSWの導入説明時に活用している。（資料編P.157を参照）

②自己紹介

子どもとの関係づくりの取りかかりとして、お互いの自己紹介をしている。子どもだけではなく、必ず実施者も自己紹介をしてほしい。私たち支援者は自分のことを子どもに話す機会は少ないように思うが、子どもにも実施者がどんな人であるか知ってもらうことも、信頼関係を作り、LSWを実施する上で大事である。

例１　自分の紹介をしよう！

名前は？	**今は何さい？**
すきな食べ物はなに？	**きらいな食べ物はなに？**
すきな遊びはなに？	**楽しいのはどんなこと？**
得意なことはなに？	**きらいなことなに？**

例２　お互いの印象をチェックしよう！

○○くんの印象は……

□おだやか	□やさしい	□まじめ	□慎重	□冷静
□のんびり	□かわいい	□かしこい	□明るい	□短気
□寛大	□頼れる	□ほがらか	□熱い	□かっこいい
□クール	□しっかり	□軽い	□さっそう	□どっしり
□ゆったり	□ちゃっかり	□ひょうひょう	□たんたん	□ゆうゆう
□コツコツ	□キラキラ	□フワフワ	□サラサラ	□ガンガン

など

2. その他の技法

(1) 家族についての説明

乳幼児期から社会的養護のもとで暮らす子どもたちの中には、父母、祖父母、伯父、叔父、伯母、叔母、いとこなどの関係性があいまいな子どもたちが少なくない。自分の家族のことを扱う前に、一般的な家族の形についての説明が必要である。

例1　家族っていろいろ

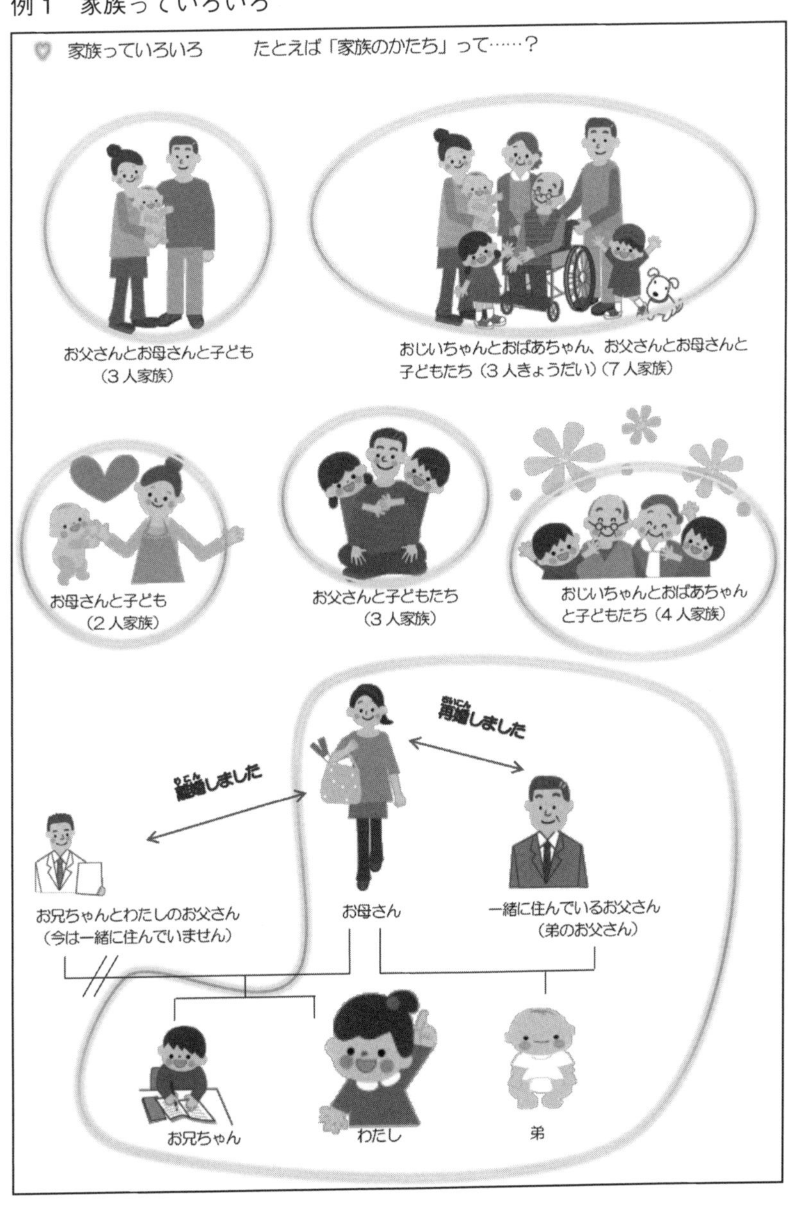

例２「ちびまる子ちゃん」クイズ

> 子どもたちがよく知っているアニメの「ちびまる子ちゃん」を題材に使って、まる子ちゃんを中心に、父母、祖父母、姉を遊びの要素も取り入れながら確認する。
>
> まる子、姉、父、母、祖父、祖母の絵を用意しておき、それぞれを子どもと一緒に切り抜いていく。切り抜いた絵をジェノグラムに置いていき、子どもがわからないところは実施者が説明をしながら、完成させる。
>
> もう少し複雑なジェノグラムでするときは、アニメ「サザエさん」を題材にすることもある。

(2) 親の役割についての説明

社会的養護の子どもたちにとっては、「生みの親」「法的責任をもつ親」「養育する親」は必ずしも同じわけではない。親には３つの役割があり、それをその子どもの場合は誰が担っているのかを説明することは、社会的養護で生活していることへの理解にもつながる。また実親が行方不明になっていたり、面会なども困難な状況な場合は実親への否定的感情が大きくなるが、実親の役割を肯定的に中立的に伝えることも工夫によって可能である。

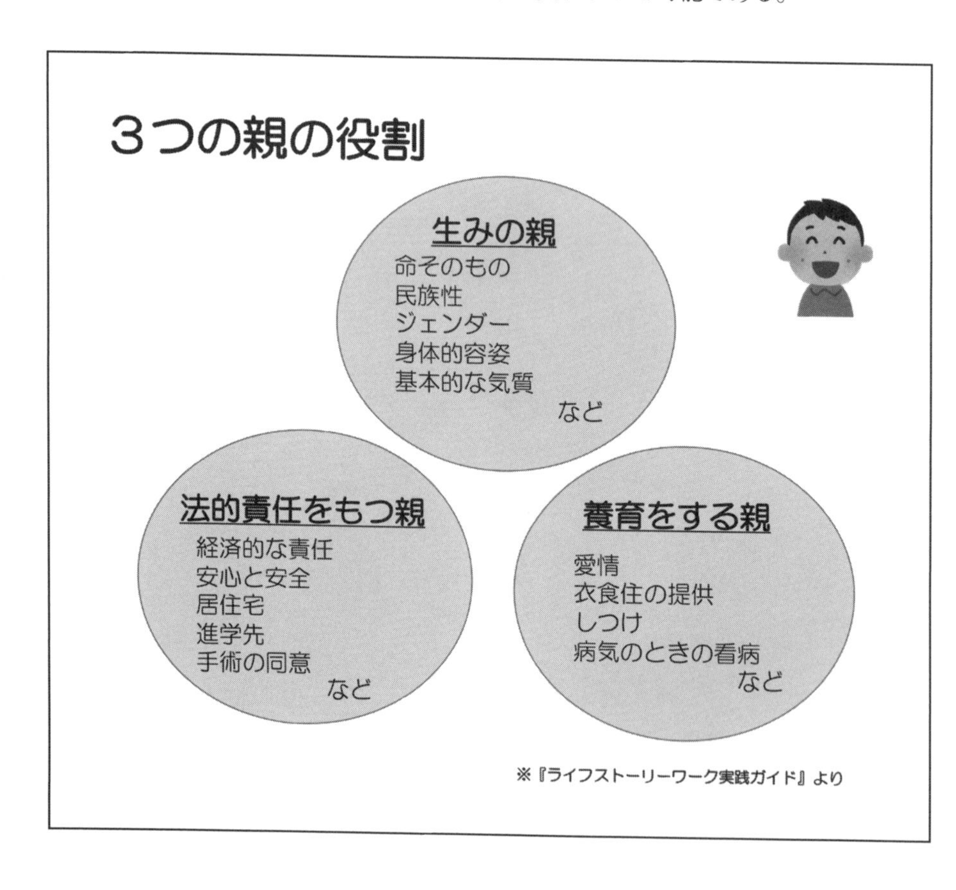

※『ライフストーリーワーク実践ガイド』より

(3) ジェノグラム（家系図）を描く

特に長期入所をしている場合は、自分の家族の名前や誕生日を知らない子どもが少なくない。また一定程度は知っている子どもたちでも、あいまいであったり、間違って記憶していることもある。そのためジェノグラムを描いて、家族の情報を伝えているが、子どもにとって関係性が視覚的にも見えて、理解しやすいと思われる。またジェノグラムを作成する過程についても個々の子どもたちの年齢や家庭状況によって工夫をしている。またジェノグラムが理解しにくい子どもには、実のなるリンゴの木を描き、それぞれの実に家族の名前などを書いたり、家の絵を描いてその中に家族の顔を描くなどもしている。

例1　それぞれの絵を描いて、ジェノグラムを作成

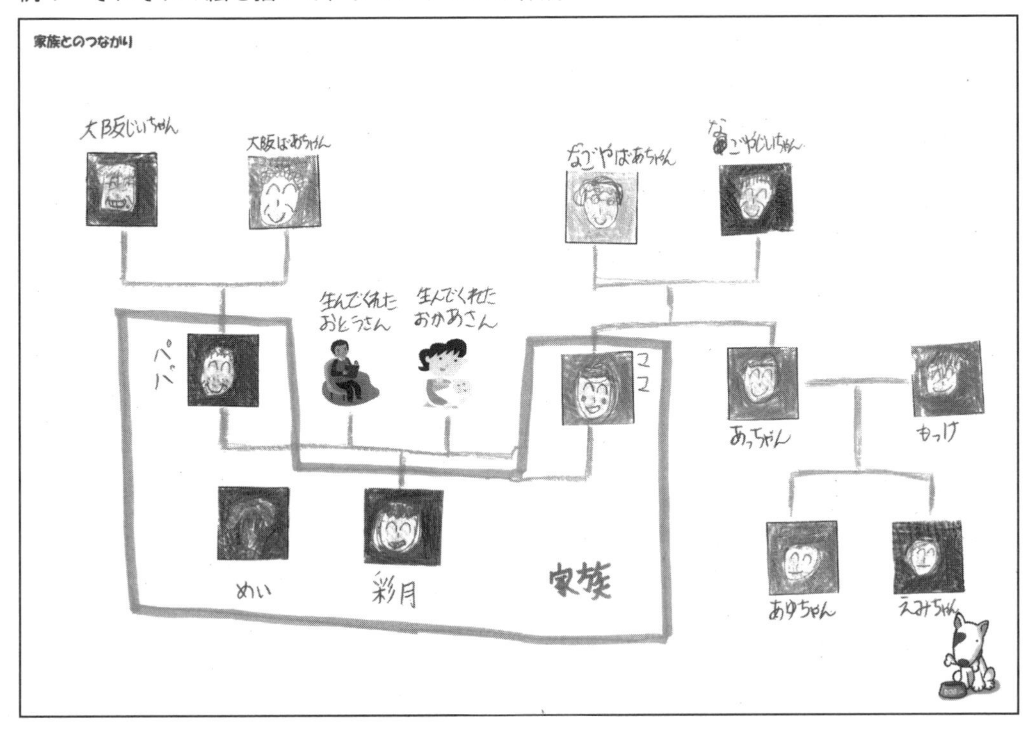

例２　きょうだいそれぞれの父親が違う子どものジェノグラム
いろいろな顔を用意し、切り抜いて貼っていった。

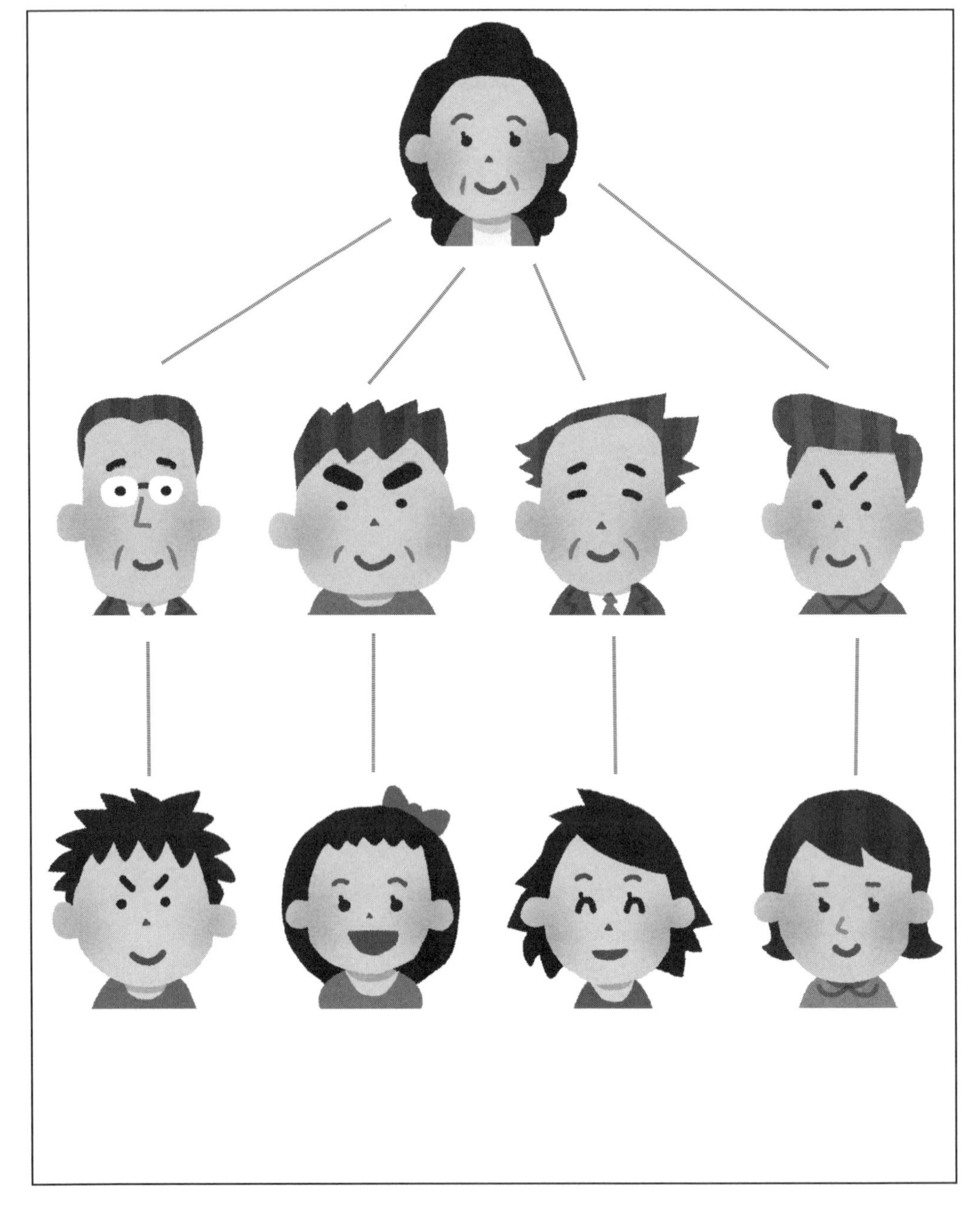

(4) エコマップを作る

子どもは子どもの人生にかかわるさまざまな人たちに支えられてきている。家族と一緒に生活できなくても、施設の職員、学校の先生、児童相談所の職員、友だち、近所の人など子どものことを大切に思ってくれている人たちがいることを実感し、安心して生活できることを理解する。

例1 「ぼくの応援団」として子どもが名前を記入していくエコマップ

例２　支えてくれている人たちの写真を貼ったエコマップ

今のわたしにとってたいせつな人たち

今のあなたにとってたいせつな人はだれかな？　その人の写真をさがしてみよう。もし見つからなければ絵にかいてもいいよ。写真は○の中にはりつけて、その人の名前も忘れずにかいてね。あなたが大きくなったときに、その人たちを思い出せるかもしれないよ。そして真ん中にはあなたの写真をはりましょう！！

(5) 生活年表を書く

生まれてから今まで施設を何度か変わるなど、生活の場の移動経過が複雑な子どもには、線路やすごろくに見立てて移動経過を説明することがある。特に小さい子どもにはわかりやすい。また中高生などには「自分年表」を書きながら、そのときの思いや気持ちも一緒に話したり、書いたりしている。

例1　今まで子どもが記憶にある生活場所を電車型の紙に記入する。
　　　子どもが知らない場所は実施者が補足し、線路の上に時系列で置いて、確認する。

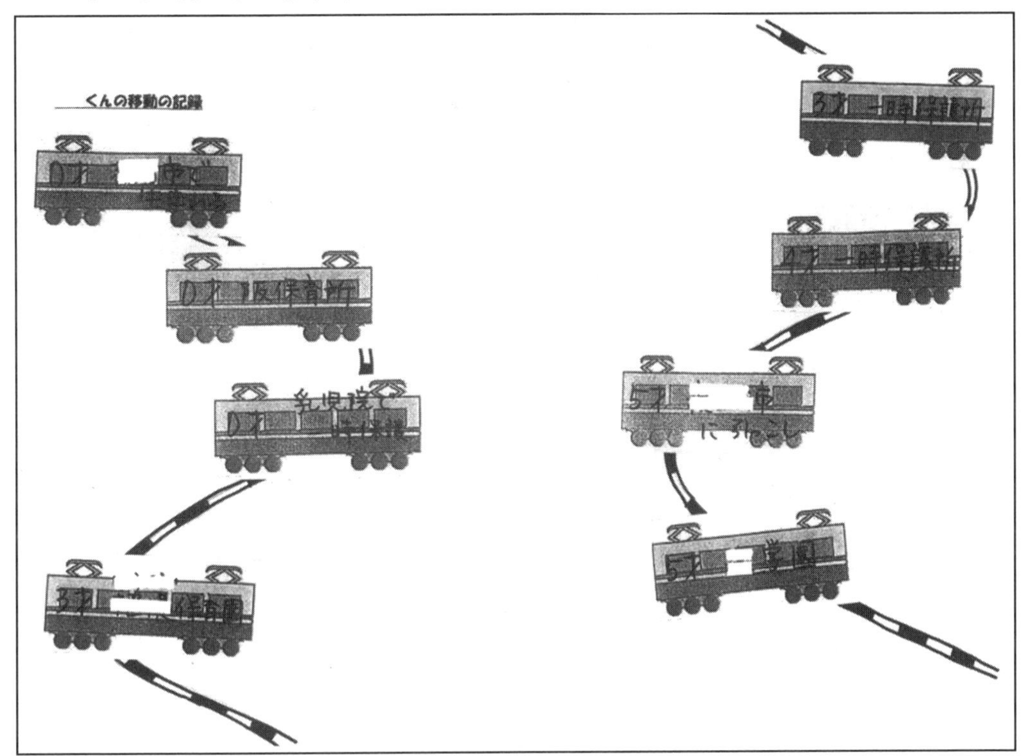

例２　「自分年表」

★☆　○○○　くんの自分年表☆★

所属	
年齢	
できごと	
気持ちグラフ	0 -

(6) ライフストーリーブックを実施者が作成する

幼児や発達に課題のある子どもの中には、ライフストーリーブック（以下、ブック）に記入することが難しく、話をすることを中心としたLSWを実施している場合もある。その際には実施者が絵本のようなオリジナルブックを作成することもある。

例1　書字が難しい子どもに実施者が作成したオリジナルブック

○○くんが赤ちゃんだったときのお話

平成17年2月　○○病院を退院して、○○市にある○○**乳児院**に行きました。

○○乳児院で、○○くんは先生にとてもかわいがられていました。
赤ちゃんはまだ自分では何もできないので、大人の人にお世話をしてもらって大きくなります。

ミルクを飲んだり、おふろに入ったり、おむつをかえてもらったり、いっしょにねてもらったり、あそんでもらったり……いっぱいお世話をしてもらって、すくすく育ちました。

（7）入所理由の説明

父母が赤ちゃんだった子どもを養育できなかったため、施設や里親宅で生活していることを説明する場面が多い。父母が養育できなかった理由は、疾病、生活困窮、未婚、若年などさまざまであるが、赤ちゃんにはとても多くの世話が必要であることの理解を促している。その多くの世話が父母にはできなかったので、子どものために安心・安全に養育してくれる大人のいる施設に預けたことを説明している。

例１　赤ちゃんが育つには多くの世話がいることへの理解

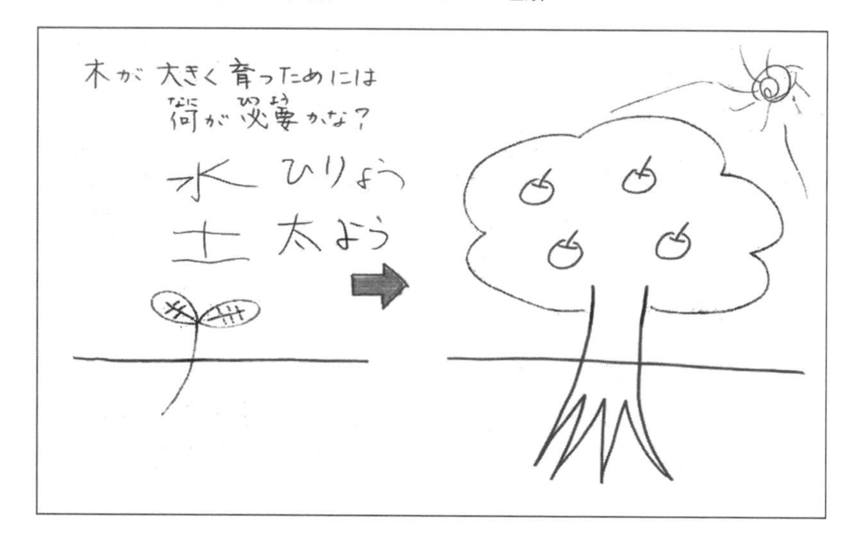

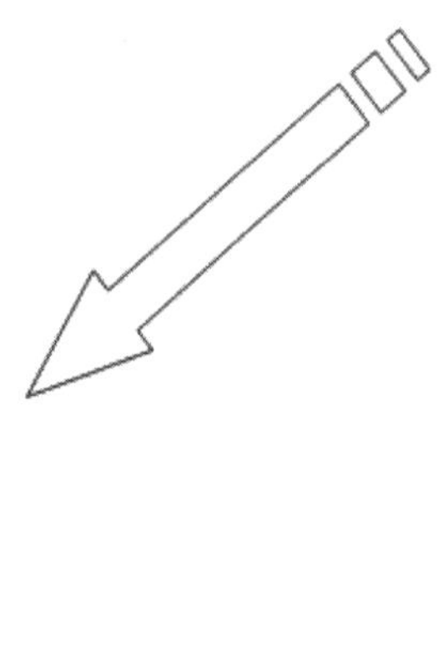

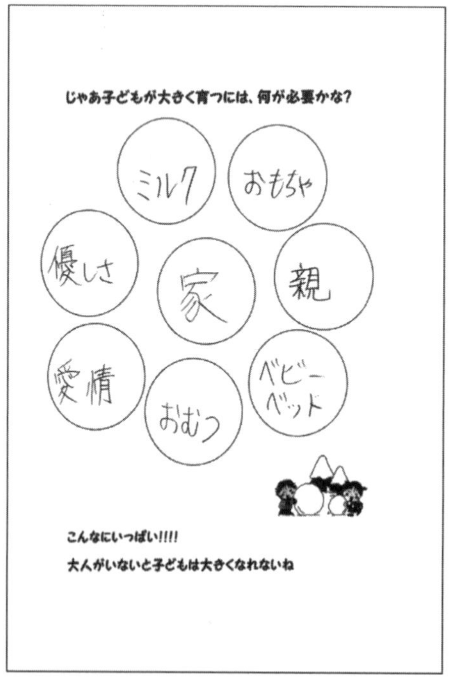

例2　赤ちゃんのお世話を疑似体験してみる

身長も体重も実際と同じ赤ちゃん人形を使って、抱っこをしてみる、おむつを替えてみるなどの体験をする。ことばでの説明だけではわかりにくい子どもも体験してみることで、「こんなに重いんや」などを実感できる。その体験の感想などをブックに記入している子どももいる。

(8) 生まれた場所・育った場所を訪れる

・生まれた病院
・乳児院
・現在の居住先以前に子どもが住んでいた場所（施設、里親など）や、そのときに通っていた学校など。

自分の生い立ちや家族の状況を自分のものとしてつかんでいくために、出自や生い立ちに関連のある場所を訪れる。中に入ることが難しい場所は、建物の外観を見学したり、建物の前で写真を撮ったりする。

これまでの子どもの養育にあたったケアワーカーや里親に協力を求め、子どもは過去の生活の場を実際に目で見て、過去の自分を知っている人から直接話を聞くことができる。子どもにとっては実感を伴うことでより一層の理解が深められる。

(9) 家族、親族と接触する

・家族、親族がLSWに同席する。
・（保護者が収監中の場合）刑務所を訪れる。
・（保護者が死去している場合）お墓参りをする。
・（兄弟姉妹が別の施設・里親宅にいる場合）兄弟姉妹との面会を設定する。

子どもに保護者がいて、LSWの実施の同意と協力を得られる場合は、写真を含めてさまざまな情報を得られるだけでなく、LSWに参加してもらうこともできる。保護者と連絡が取れない場合や保護者がいない場合には、その他の親族に協力を依頼することもできる。保護者や親族から直接事実を聞くことで、子どもも納得しやすく、安心感につながる。今後の親族関係の改善が期待できる場合もある。

(10) かつての担当者に話を聞く

施設や里親のもとでの生活が長期間に及んでいる子どもの場合であれば、児童相談所や施設の担当職員が複数回変更していることが考えられる。その場合は可能であれば以前の担当者から、当時の子どもと保護者や親族とのかかわりや、当時の担当者と保護者や親族などとのやりとりなどを聞くこともできる。

(11) 感情カードを使う

子どもが自分の気持ちを話せるように、気持ちを表すことばのレパートリーを増やし気持ちを表すことばに親しむために、感情カードを使うことができる。

(12) アルバムを見る

写真はLSWには重要なものである。過去の記録をたどるだけではなく、写真に写ったできごとに関して子どもが感じる気持ちを話し合うことができる。

(13) 宝箱を作る

生まれてから今までの子どもの宝となる記念品を宝箱に保管することができる。中に保管するものは、家族で出かけたときのお土産、成績表、描いた絵など、何でもよい。

(14) カバーストーリーを考える

子どもが他者に自分に起こったできごとについて話すとき、本当にあったできごとをありのままに話すことによって、誤解や偏見が生じる場合が考えられる。そういった場合は、子どもと共に他者に説明するためのカバーストーリーを考える必要がある。 （新籾晃子）

第7節　伝え方のバリエーション

子どもの生い立ちを伝えるときには、ストーリーの押し付けにならないよう注意すると同時に、過酷な事実については、表現の仕方に工夫が必要である。事実を歪曲するのではなく、表現をポジティブにし、子ども自身が大切にされるべき存在であると実感できるようにすることが望まれる。また子どもが家庭から離れて暮らしている現状について、「自分が悪いからではない」と感じられることが大切である。

また、子どもの年齢や発達状況に合わせて、できるだけわかりやすい伝え方の工夫が必要である。精神疾患や障がい、離婚などに関する絵本も出版されているので、絵本の活用なども有効である。

1. 実親に精神疾患がある場合

例1

お母さんにはこころの病気があって、治療をしている。病気のために食事を作ったり、洗濯したり、掃除をしたりを1人ですることができない。今はヘルパーさんに手伝ってもらって、お母さんが自分の生活をする練習をしているけど、あなたの世話まですることができないんだ。でもあなたのことをいつも大切に思っているので、誕生日プレゼントを送ってくれたよね。

例2

お父さんには統合失調症という病気があって、治療をしている。調子の良いときと悪いときがあるけど、それは病気のせいでお父さんのせいじゃない。もちろん、あなたのせいでもないよね。お父さんの病気のことを詳しく知りたかったら、お医者さんに説明してもらうこともできるよ。

2. 実親に知的障がいがある場合

例1

お母さんには生まれつき苦手なことが多くて、1人で赤ちゃんだったあなたを育てることはできなかったんだ。お母さんはあなたに元気に大きく育ってほしいと思っていたので、世話をしてくれる大人のいる乳児院にあなたを預けた。あなたを大事に思うから預けたんだよね。

例2

お母さんには障がいがあって、仕事をしたり、家事をしたりするのが難しいので、手伝ってくれる人たちがいる施設で生活をしているよ。あなたと一緒に住むこともできないし、1人で電車に乗って出かけることもできないので、あなたに会いたくても会いに来ることもできない。でもお母さんはときどきあなたの写真を見ているんだって。

3. 実親が刑務所に収監されている場合

実親は収監されていることを隠して、「遠くに仕事に行っている」「入院している」などと説明していることも多い。しかし子どもは「どうして会いに来ることもできないのか」「入院していると聞いているが、お見舞いにも行けないなんて、死んでしまうのでないか」など、1人で思い悩んでいることもある。実親を説得して、子どもに収監の事実を伝えた際には、子どもは「親は元気にしている」「会いに来ないのではなく来られない」ことを知り、むしろ落ち着くことができた。

例 1

> お父さんは身体に良くないので使ってはいけないと法律で決まっている薬を使ってしまったので、警察で話をしていた。社会には守らないといけないルールがあり、それを破ってしまったときは刑務所で生活をして、ルールを守れるように練習をすることになっている。だからお父さんも刑務所で生活しているけど、元気にしていて、家に帰れるようにがんばっているよ。今は外に出られないので会いに来ることはできないけど、あなたが元気にしているかはいつも心配しているよ。

4. 棄児の場合

情報が少ない場合が多いので、発見されたときの服や持ち物などが残っていないか、当時の状況を知っている人がいないか、名前は誰がつけたのか、戸籍はどうなっているのかなど、事前にできるだけの情報収集をする必要がある。

例 1

> あなたは生まれて３週間ぐらいのときに、〇〇学園の前に置かれていたんだよ。そのときは毛布に包まれ、ミルクやおむつも一緒に入っていた。お父さん、お母さんは何らかの事情であなたを育てることができなかったのだと思うが、すぐに見つけてもらえるように、そして大切に育ててもらえるようにと思って、学園の前に置いたのだと思うよ。

5. 里親との不調があった場合

例 1

> あなたが覚えている小さいときにいた家は、４歳のときに生活していた里親さんの家のことだと思う。そこでは数カ月しか一緒に生活できなかったんだ。里親さんはまだ小さい子どもを育てる練習が足りなくて、うまくお世話ができなかった。そして周りの人たちも里親さんを手助けすることができなかったからで、少ししか一緒に生活できなかったのは、里親さんのせいでもなく、もちろんあなたのせいでもないよ。

6. 保護者から受けてきた虐待の内容を告知する場合

幼少期に施設入所をし、入所期間が長期化し、なおかつ家族・親族との交流が途絶えている場合、子ども自身が入所理由を知らないことがある。なぜ自分は入所しているのか、なぜ保護者に会えないのか、子どもは疑問に思っている。

例1　身体的虐待

> お父さんはあなたにとても厳しかった。まだあなたは小さかったが、弟や妹の面倒を見るように言いつけたり、お父さんが決めたルールを無理やり守らせようとした。あなたができないときは、叩いたり、ご飯を抜いたり、家の外に出したりした。お母さんはあなたを守りたかったが、お父さんはお母さんにも暴力を振るっていて、あなたを守ることができなかったんだ。
>
> お父さんも子どものときに、おじいちゃんから厳しく育てられたので、他の方法がわからなかったと言っている。でも、このやり方を許すわけにはいかないので、児童相談所からお父さんに注意し、一緒にやり方を考えようと伝えているけど、お父さんは児童相談所との話し合いをいやがっている。そのために今、あなたはお父さんとお母さんに会えないけど、あなたが悪いわけじゃないよ。

例2　性的虐待

> プライベートゾーンについて習ったことはある？　水着で隠れるところは、"見ない""見せない""触らない""触らせない"だよね。お父さんはこのルールを守らなかったんだ。それで、児童相談所はあなたを一時保護した。児童相談所はお父さんとそのことについて話をしているけど、お父さんは「知らない」と言い、話し合いができないんだ。お母さんは、どうしていいかわからず困っているけど、お父さんと違う意見を言えないのはあなたもわかっているよね。お母さんにはあなたを守ってほしいと話をしているよ。同じことが絶対あなたに起こらないようになるまで話し合いが必要なので、お父さん、お母さんと会うことができないんだ。お父さんといつ会えるかはわからないけど、お母さんと会えるように話し合いを続けていくので、それまで待ってほしい。

7. 保護者行方不明の場合

保護者が行方不明のとき、子どもは探してほしいと望んでいることが多いが、実際には見つけることは困難である。しかし戸籍や住民票の調査、家庭訪問、親族への聞き取りなど、これだけのことをしたがやはりどこにいるのかはわからなかったという過程を真摯に子どもに説明することはできる。また今まで接触をしてこなかった非親権者の親や親族などにコンタクトを取ることも状況によっては検討することが望ましい。

例 1

> お母さんを見つけてほしいって何度も話してくれたよね。だからお母さんの戸籍や住民票のある○○市の家に何度も家庭訪問をしたけど、今は他の人が住んでいて、お母さんのことは知らない人だった。おじいちゃんにも電話をして聞いてみたけど、「お母さんからの連絡はない」って言ってたよ。おじいちゃんの話ではお母さんは「お金をいっぱい借りていて、お金を返すために働かないといけない」と言ってたんだって。どこかで働いているのかもしれないね。でももうこれ以上調べようがなくて、今はお母さんがどこにいるのかはわからなかったんだ。ごめんね。

（新籾晃子）

コラム

わたしのライフストーリーを紡ぐ

中村みどり

1. ライフストーリーを語ること

これまで何度も自分の生い立ちを含むライフストーリーを語る機会がありました。私の語るプロセスは、自分の思い出を整理し、何を誰に、どのように伝えたいかをまとめる作業でもあります。しかし、この作業を意識し始めたのは20代後半です。それまでは、人前で自分の経験を話すことはとてもつらい作業でもありました。「楽しかった思い出」「しんどかった思い出」を話そうとしても、きれいに２つに分けられません。全部グレーゾーンで、過去の経験から記憶を思い出すにも、良い経験ばかりでなく、言葉では伝えられないしんどい経験も理不尽な経験も失敗談もたくさん思い出します。周囲の反応にも敏感で、自分を守る術を知らないまま、語ることが多くありました。今思うと、身を削りながら何度も人前で語っていたのだなと思います。

しかし、CVV※の仲間に私はとても支えられていたのだなと、今では思います。施設を経験した先輩や施設を経験していなくても親身になって話を聴いてくる人たちと共に、施設経験を共有し、理不尽さを一緒になって怒ってくれる人がいたからこそ今の私があると思っています。

2. ライフストーリーを紡ぐ

生い立ちのおさらい

私は、８人きょうだいの第７子として誕生し、乳児院を経て児童養護施設で18歳まで生活していました。一時期はきょうだい８人すべて同じ児童養護施設で生活もしていました。子どもの頃は、施設で生活せざるを得なかった理由を以下のように考えていました。①親の離婚、②父がアルコールを飲んでばかりで働いていない、③長期休暇で父の家に帰るときは食べ物も何もなく不衛生な環境。

今でも、十分に分かってはいませんが、当時は同じ施設で生活している子どもたちとなぜ施設に入所したのかを子どもなりに理由をつけ話し合っていました。職員にも理由を聞けず、親にも聞けずにいる子どもたちが多くいました。

きょうだい

弟と初めて会った日のことは今でも忘れられません。事前に弟が来ることは聞いていました。まだかなぁと楽しみにしていましたが、弟が施設に来たときには、小さくかわいいというよりは、走り回り、大きな声で叫んだりしていたので、「これが弟？」と複雑な気持ちになったことを覚えています。突然私の知らない「弟」が現れたといった感じでした。新たな「弟」ときょうだい関係を築いていくことは、4 歳ごろの私でもとても悩ましかった記憶があります。

社会に出た後の方が、きょうだい関係再構築に力を注ぎました。現在もつながりのあるきょうだいとは、関係性を構築中です。

最近の出来事

現在、NPO 法人キーアセットという里親支援機関で働いています。働き始めてから 1 年後、仕事の関係で育った乳児院の職員の方と出会う機会がありました。私は、勇気を出して乳児院で育ったこと、2 歳以下の写真がないことを伝えました。その方は、丁寧にお話を聴いてくださり、写真を探してみるとの返事をいただきました。心の中では、約 30 年前のことなんてわかるのかなとあまり期待はしていませんでした。しかし、次にお会いしたときには、まるまると太った女の子が写った写真を 3 枚手渡してくれました。間違いなく自分だと確信したと同時に、自分の知らなかった過去がつながったと実感しました。とても嬉しく、感動的な瞬間でもありました。

後日、弟が生活していたときの写真も一緒にいただき、併せて「弟の方があなたより大きくて、姉弟が逆転しているねと話していた」といったエピソードも聞かせてくれました。さらに、当時の担当職員の方ともお会いすることができ、詳しく当時のエピソードを知ることもできました。大人になってからも、私のライフストーリーは紡がれていくのだなと実体験をもって気づくことができました。

3. 生い立ちに向かい合う

後悔

今でも後悔していることは、25 歳までに児童相談所の記録にアクセスしなかったことです。24 歳のころ、児童相談所の記録は 25 歳には抹消されるということを聞き、随分と悩みました。知りたいという思いも強くありましたが、知った情報を受け止められるのかとも不安になりました。自分が知らない情報が多く記載されているかもしれないと、「怖いもの」を見るような気もしていました。悩んだ結果、情報開示請求を行いませんでした。32 歳の今の自分なら、迷わず情報開示請求を行えたのですが。

自立して生活していると環境の変化や人間関係に戸惑い、不安になることも沢山あります。そんな中、生い立ちと向かい合うことは、とても勇気がいることだと改めて思いました。

たまに逃げたいときも

施設を退所し14年経ちますが、ふとしたときに、自分の10年以上会っていないきょうだいのことを思ったり、施設での生活経験を思い出したりします。子どものころの経験が自分の今につながっていることを改めて感じています。

特に私の場合は、会話の中に「家族」「おや」「きょうだい」「実家」などのキーワードが出されると、今でもドキッとします。大人になっても、自分の施設での育ちや家族については切っても切れないものなのだなと改めて感じる瞬間でもあります。たまに、「社会的養護って難しい言葉やねぇ。聞いたことないわ。施設とか里親家庭で生活するって大変なんやろうねぇ。想像できひんわ」と言われると、自分の生い立ちから逃げたくなるのですが、施設で育った仲間から「何言ってんねん。人前でこんなに生い立ち話してるのに」と、突っ込まれそうです。

私の直近の悩み

高校2年生のときに突然会うことになった「母であろう女性」が今でも生きていることを知っていますが、会ったときの1時間ほどの面会ではあまり良い思い出もなく、二度と会わなくてもいいかなと思っていました。しかし、とても貴重な情報限でもあるので「母であろう女性」と「会うべきか、会わざるべきか」が現在の悩みです。

名前の由来や出生の状況、祖父母のことなど聞いてみたいことは沢山あります。良くも悪くも会えば良い経験ができると思ってはいるのですが。後悔しないためにもそろそろ会ってみようかな。

4. さいごに

私が育った時代は、児童養護施設で生活する子どものほとんどが、「なぜ自分が施設で生活しているのか」を自分たちの経験で解釈していました。なぜなら、ほとんど知らされていなかったからです。しかし、現在では子どもたちに社会的養護を経験する理由を伝えていたり、伝える必要性についての認識が専門職の間で高まっていると思います。

社会的養護のもとで生活しているすべての子ども・若者が彼ら自身の人生を前向きに歩んでいくためには、「自分の存在意義」をもつことが必要だと感じています。

子どもたちが「生きていてもいい」と思える1つの方法が、ライフストーリー

ワークになるのかもしれません。
　すべての子どもたちが人生の主役になり、大人になってもライフストーリーを紡げるように、みなさん、どうぞご協力のほどよろしくお願いいたします。

＊ CVV（Children's Views & Voices）とは、2001 年に設立された居場所活動を行っている当事者エンパワメントチームです。

第3章 モデル実践例から学ぶ

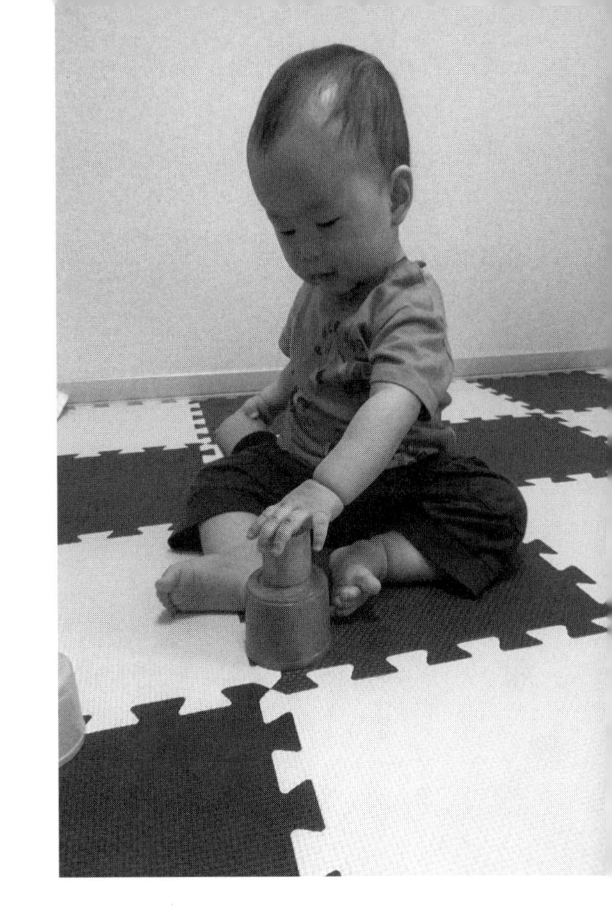

はじめに

この章では、モデル事例を例示し、実際に実施する場合のプロセスやさまざまな技法の活用例を提示する（第2章参照）。

LSWは定まった形があるものではなく、子どもの年齢や理解度、本人が知りたいこと、養育者との関係、家族の意向などによって、子どもに合わせた実施計画が作られ、その計画は必要に応じて実施の中でも変更される。どのような内容をどのような手順で行うかを、養育者と共に充分に検討する必要がある。LSWのプロセスでは、子どもと関係を構築し、その関係をもとに人生を取り巻く事実の内面化を図り、意味付けを行うことが重要である。

ここに例示する事例はすべて架空事例であるが、現在の児童相談所、児童福祉施設など、福祉現場で現実に生じる場合や状況を想定している。職員が子どもから家族状況を知りたいと言われたり、ソーシャルワーク上、生い立ちの整理が必要となる場合である。また、LSW開始後にぶつかる多様な困難－たとえば、子どもがセッションを拒否した場合など－についての対応も具体的に示している。

多忙を極める福祉現場で、実施可能な範囲での事例とした。本来であれば、LSWは期間や回数を限定せず、子どものニーズに応じて取り組まれるべきであるが、特に年度末での転勤が避けられない職場においては、実施者の転勤を見据え、年度内で一定の目標達成・区切りをつけることが求められる。年度内で終了できる目標を設定し、時間経過を見ながら進める必要があるだろう。

（南まどか）

第1節　児童相談所職員主体の取り組み

ケース1　子どもの取り組み姿勢が乏しかった事例

【ケース概要】

中学1年の女児。児童養護施設入所中。5歳時に、児童養護施設入所。母親からの虐待があった。本児には発達障がいの診断あり。

入所後まもなく、母子面会を児童養護施設で開始するも、母親には精神疾患があり、病状が悪化すると安定した母子面会が継続できず、面会は途切れがちだった。

本児は、入所前に母子で他県にまたがり、転居を繰り返していた。

【LSW開始時、ジェノグラム】

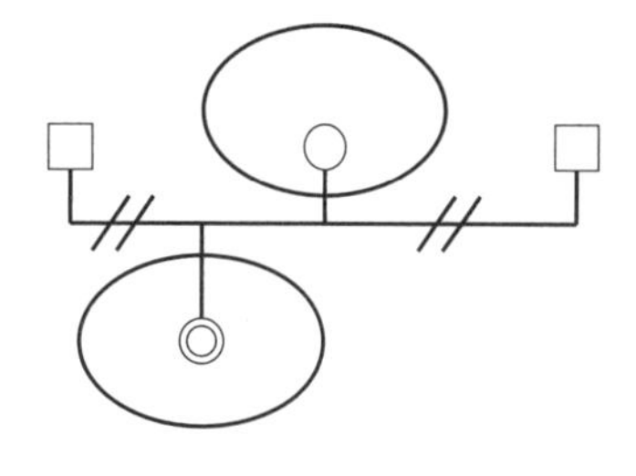

【開始のきっかけ】

・学校や施設内での生い立ち学習の際、本児は、自分の生い立ちを知らないことから、参加を拒み始めていた。

・施設内で、本児から「どうしてここで生活しなくてはいけないの？」との発言がある。施設内で担当ケアワーカーの言うことを聞かない、年少児への暴力行為などが見られたが、本児の生い立ちについての整理ができていないためではないかとの、アセスメントをした。

・自分の生い立ちを振り返り、また、家族状況の変化を知り、今後の進路選択に役立てる。

・児童養護施設からの要望により、開始にあたって、児童相談所SWと施設ケアワーカーで協議を行う。本児は上記のような入所理由への疑問の言葉があり、LSWをやりたいとはっきりとは言わないが、潜在的にLSW実施のニーズがあるのではないかと考えた。また、将来の進路選択にあたり、自分の生い立ちを知っておくことで、未来への展望を開いてほしいとの目的から開始を決定した。

【目標】

・入所理由を知り、進路についてのいろいろな選択肢の中で、施設に在籍したまま高校進学をすることも選択肢の1つであることを理解してもらう。

・自分の生い立ちを振り返る中で、幼少期から、母親や施設ケアワーカーらが本児のことを大切に思ってきたことを理解してもらう。

導入の際、本児に提示した表の一例

やること	○○さんやお母さんのことを振り返ったり、聞いたりしよう。
目的	家族や○○さん自身がどのような生活をしてきたのかを知り、お母さんと、面会を続けていきます。

LSW の内容	
1	●どんなことをするのか、説明。
2	●自己紹介 ●市販ブックの表紙作り＊2 名前などの記入、絵を描く、シールを貼るなど。 ●市販ブック 今の生活の場、自分の好きなこと、友だち、大切な人などを記入しよう。
3	●○○さんが今まで暮らした場所を振り返る
4	●○○さんが今まで暮らした場所を訪れる。
5	●市販ブック「わたしについて知っていること」 小さいときの自分がどんな赤ちゃんだったかなどを知ろう。
6	●まとめ

➢ 1回につき1時間使って、話をします。

➢ 4回目は車に乗って移動します。何カ所も行くので、半日ほどかかります。

➢ 途中で、話がいやになったら、中断することもできます。

※ 声に出して言いましょう。落ち着けば、再開することもできます。そのときは、教えてください。

➢ 話は、○○さん、担当ケアワーカー、実施者で行います。

※1 【引用文献】才村眞理（編著）『生まれた家族から離れて暮らす子どもたちのためのライフストーリーブック』福村出版 2009 年 （以下、市販ブック）

＊ ライフストーリーブックの表紙作り：市販ブックのすべてを使用せず、抜粋して利用する際に、市販されているファイル等に抜粋したブックや、実際に訪れた際に入手した出生病院のパンフレットなどを綴る。また、市販ブックを使用せず、子どもに合わせたオリジナルシートを作成した場合も、市販されているファイルに、綴っていくことが多い（以下、オリジナルブックと記す）。

市販のファイルに、子どもの好きなキャラクターのシールや雑誌の切り抜きを貼ったり、名前を書いたりすることで、この世に1つしかない、その子ども専用のファイルを作り、LSWに取り組む準備をしてもらう。また、子どもと好きなキャラクターの話をしたり、「これから始めるLSWで整理した情報を綴っていく」と話したりすることで、子どもとの関係づくりにも役立つ。

【実施内容】

・頻度：月1回程度

・実施場所：児童養護施設

・実施者：児童相談所前担当SW

＊セッションによっては、児童相談所CPや担当ケアワーカーが参加。

回数	時期	予定した内容	実際の取り組み	ツール	本児の様子
導入	小6 3月	オリエンテーション	LSW開始について、本児の意向確認	導入の際、本児に提示した表の一例	LSWの開始について、同意を得る。児童相談所SW・CP。 本児からは母親とのつながりを大切に思っている発言が聞かれたので、「母親と今後も安定した母子面会を行うため、本児が大切にされてきたことを振り返りたい」と導入する。 本児は、母親のことを知りたいと思っていたようで、LSWの開始については、不安に思うことはないし、今何か質問をしたいこともない、と話す。
1	中1 4月	関係づくり	キャンセル		実施日時を忘れており、学校から施設に帰ってこず。

2	4月	関係づくり	キャンセル		自分の時間を削られることが嫌だと担当ケアワーカーに語り、実施者の前に現れず。施設職員より本児の意向確認をすることとする。
3	5月	関係づくり	話し合い		本児と実施者で話し合いをし、LSW の実施時間を本児の希望に合わせることとする。
4	5月	関係づくり	キャンセル		本児、学校から帰ってこず。
5	6月	関係づくり	キャンセル		本児、学校から帰ってこず。改めて担当ケアワーカーから本児の意向確認をすることとする。
6	6月	関係づくり	6つのボックス	6つのボックス	LSW の意味合いについて、担当ケアワーカーから再度説明を受け、面倒くさいと言いつつも、予定の30分を過ごすことができる。
7	7月	オリジナルブックの表紙づくり	オリジナルブックの表紙づくり	ファイル ペン シール	関係作りのために担当ケアワーカと一緒に実施。用意した雑誌の切り抜きやキャラクターのシールを「面倒くさい」と言いつつ、ファイルへ丁寧に貼り付ける。
8	7月	今、本児が過ごしている場所が安全であることの確認	市販ブック「今の私について」より抜粋し、オリジナルブックを作成	市販ブック	担当ケアワーカーと本児の関係づくりのため、また、本児の安心の場を確認するため、担当ケアワーカーと、本児が落ち着く場所で過ごしている様子を写真撮影してきてもらうよう宿題を出す。 その写真を市販ブックに貼り付ける。本児は「面倒くさい」と言い、適当に写真をななめに貼り付ける。
9	8月	移動の記録を確認する	市販ブックの「地図と移動」より抜粋し、オリジナルブックを作成	市販ブック	本児の転居について、日本地図を用いて、ペンでなぞり、移動したルートを確認。 本児より「お母さんの病気は大丈夫か？」と質問が出る。

10	8月	移動してきた場所をたどる	本児が暮らしていた場所を訪問する	カメラ オリジナルブック	本児が移動してきた場所を実際に訪問する。車で移動している際は、緊張した面持ちで、実施者が話しかけても、反応せず、無言で過ごす。しかし、実際に到着すると、「この保育園に通っていた」「この近くで三輪車に乗った」と話が出る。 笑顔で写真撮影。普段は、表情が乏しかったが、実際に訪れたことで、笑顔が見られて良かった。
11	9月	前回の訪問について振り返る	暮らしていた場所を実際に訪問した際に撮影した写真の整理	オリジナルブック	訪問した際に撮影した写真をオリジナルブックに貼り付ける。 よく遊んだ公園へ行けて、良かったとのこと。 出生した病院前で撮影した写真が、一番のお気に入りとのこと。本児の表情はにこやか。
12	10月	幼少期を振り返る	市販ブックの「私について知っていること」より抜粋し、オリジナルブックを作成	市販ブック 砂糖 ぬいぐるみ	出生時体重と同じ重さの砂糖を用意するように宿題を出す。母子手帳はなかったが、本児が出生した病院に調査をしたところ、データが残っていたため、出生体重が判明した。本児は面倒くさいと言い、担当ケアワーカーが本児の目の前で用意する。 砂糖をぬいぐるみのリュックに入れて、ぬいぐるみを抱く。本児は、「意外に軽い」とのこと。 また、本児から、「お母さんは、病気なの？」と質問が出た。

13	11 月	家族を振り返る	市販ブックの「私の生まれた家族」より抜粋し、オリジナルブックを作成	市販ブック	前回のセッションで、本児が母の病状を気にしたため、母親の病状や入所理由にも触れる。 実施者より「お母さんは、あなたを大切に育てたかったが、お母さんは心の病気で、自分のことをするだけで、精一杯の状況になってしまったんだ。でも、お母さんは、あなたにも幸せに暮らしてほしいと思って、児童相談所に相談してくれたんだ。 児童相談所は、ここ（施設）が、あなたの幸せになれる施設だと思い、あなたをここ（施設）に託したんだよ」と説明。本児は涙ぐむが、「（私は）いらない子じゃなかったんだ」と話す。
14	12 月	まとめ	振り返り	オリジナルブック	本児と今までのLSW の振り返りをする。また、今後の進路選択について、どう考えているか、本児・実施者・担当ケアワーカーと話し合いをする。 本児は、面倒くさそうだったが、「施設に残って、高校に行こうかな」と発言する。担当ケアワーカーとも「こんな高校に行きたい」と話をすることができる。 本児にLSW の終了を伝え、「また知りたいことや、疑問に思うことがあれば、担当ケアワーカーに相談してほしい。その後、実施者とも相談して、再開や面接などを検討する」と伝える。本児はうなずき、「多分ないけど」と話す。

【考察】

当初、担当ケアワーカーや児童相談所SW・CPが「生い立ちを振り返ることで自分の最善の選択としての今後の進路を考えられるようになってほしい」との目的で、LSWを開始した。

導入時には、取り組む意思を示していた本児も、LSWの実施場所に現れないことが続き、本当は子どもにニーズがなかったのではないか、と思われたケースであった。実施者も実施の継続に迷いが生じたが、担当ケアワーカーを通じて本児の意向を聞く中で、本児のニーズはありそうだが、おそらく、過去に触れることに葛藤が生じていたのだと思われた。

本児が1人でその過去に立ち向かうのではなく、担当ケアワーカーが本児へ、「わたしもLSWに同席して、一緒に過去と向き合う作業をしていくよ」と励ます中で、本児もLSWに取り組み始めることができた。実施者も本児が来なくてもずっと待っているよという姿勢を崩さずにいたことが良かったかもしれない。

LSWを進める中で、本児から実施者に対して、家族のことや自分の幼いころの様子を知りたいという質問が出てくることが増えた。また、施設での生活も落ち着き、他児への暴力も減り、担当ケアワーカーとの会話も増え、関係もより深いものになったと思われる。また、LSW実施中も「小さいころ、こんな物が好きだった」などと話すことができ、担当ケアワーカーとも生い立ちを共有することができた。生い立ちを整理できたことにより、進路のことも前向きに考えられるようになり、高校に進学することができた。

ケース2　子どもが虐待事実を話し始めた事例

【ケース概要】

小学4年の男児。父親、母親、長兄（中3）、次兄（中1）との5人家族であった。本児は2歳から小2まで、父母の経済困窮により、兄2人と共に児童養護施設に入所していた。本児は小さいころから入所しており、父母も本児へのかかわりに戸惑いがあったため、小2の家庭引き取り時には外泊を重ね、親支援プログラムなども実施した。引き取り後も支援を継続していたが、特に父親は注意をすると黙って固まってしまう本児に叱責しかできず、お酒を飲むと手が出るようになる。そのため、小3時に父母の同意の上、一時保護をし、本児のみ再度、児童養護施設に入所となる。

小4時、両親が離婚し、母親宅への家庭引き取りの方向で準備を進めていた。本児には、一時保護のときにSWから父からの虐待が理由であることを説明するも、本児は虐待事実を認めず。自分だけが再入所したことを「自分が悪い子だったから」と言い続けていた。入所後1年がたち、家庭でのことは何も言わなくなったが、母親宅への引き取りは楽しみにしている。

【LSW 開始時、ジェノグラム】

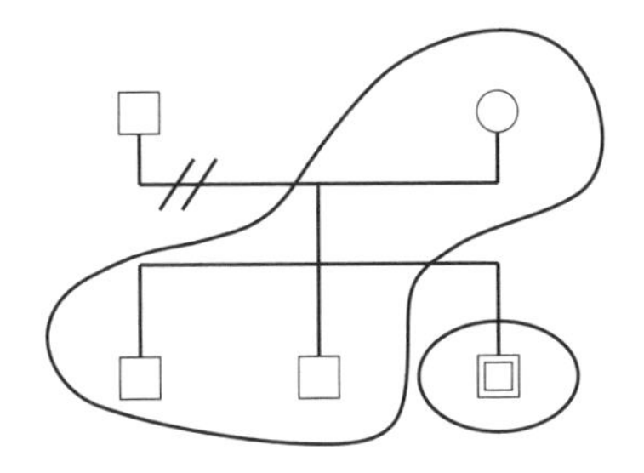

【開始のきっかけ】

・本児は施設入所していることを「自分が父や母の言うとおりにできなかったから」と思っており、担当ケアワーカーは入所後もその思いは変わっていないように感じている。
・母親や兄と一緒に生活を始めるまでに、本児に入所理由を改めて伝え、「本児が悪かったわけではないこと」を、もう一度説明する必要がある。
・母親からも入所前の家族状況を説明してもらい、これからは母親や兄と生活していくことを話してもらうことで、母親に了解を得た。
・本児が不安定になった場合も、担当ケアワーカーを中心に、児童相談所や母親も協力して、フォローすることを確認した。

【目標】

・本児が施設入所した理由を「自分が悪かった」と思っているため、虐待の事実も含め再度説明し、本児の自己肯定感を高める。
・母親宅への家庭引き取り後、母親や兄との生活がスムーズにできるように、家族イメージを整理する。

【実施内容】

・頻度：3 週間に 1 回
・実施場所：児童養護施設
・実施者：児童相談所元担当 SW
　＊セッションによっては、児童相談所担当 SW・担当ケアワーカー・母親が参加。

回数	参加者	内　容　等
1	実施者・SW	●LSW の導入面接 　母親宅への引き取りを進めていることを確認し、そのために今までの本児の生い立ちや家族のことを振り返って、整理していきたいと説明し、本児も同意する。 ●6つのボックスを利用し、本児と LSW 実施者がお互いのことを紹介する。
2	実施者	●オリジナルブックの表紙作り 　カラーペンで名前や絵を描いたり、好きなシールを貼る。 ●家族について 　本児は家族のイメージはあるため、父母や兄の名前や生年月日を確認し、オリジナルブックに記入していく。本児が知らないことを補足しながら、ジェノグラムを作成。
3	実施者	●生活の場の移動について 　在宅→A 児童養護施設→在宅→一時保護所→B 児童養護施設という生活歴を本児の話も聞きながらたどる。紙で作った電車の上に場所を書く。本児が知らない場所は実施者が伝える。線路を描いた上に電車型の紙を時系列順に貼っていく作業を完成させる。 ●本児が虐待発覚後の一時保護が一番印象に残っているという話をする。その後、泣きながら父から受けた暴力などの話をする。本児の思いを受け止め、つらかったことを共感する。 ↓ ●実施後、担当ケアワーカーに状況を説明し、フォローを依頼。 ●実施者は児童精神科医・児童相談所 CP に相談し、SV を受ける。
4	実施者	●家族のこと、入所理由について 　前回の本児の話を受け、再度家族について話をする。その上で、入所理由も改めて話をし、本児は何も悪くなかったことを伝える。 ●オリジナルブックには本児が書きたいことだけを記入したらいいことを伝えたところ、本児は入所理由に被虐待事実の一部を選んで記入。
5	実施者・母・担当ケアワーカー・SW	●今までの生活を母と一緒に振り返る 　これまでに作成したオリジナルブックの内容や写真などを母親と一緒に見ながら、振り返る。母親が答えにくいことなどは SW が母親をフォローする。 　母親からも本児のことを大切に思っていることなども話してもらう。
6	実施者	●未来について 　これからの母親、兄との生活をイメージして、本児のしたいことなどを考える。さらに将来の希望なども書く。

【考察】

・母親宅への引き取り準備を進める中で、本児が父親からの虐待事実を認めず、自分が悪かったと思っていることに、担当ケアワーカーも児童相談所SWも不安を感じていた。LSW実施により、初めて本児が事実を語れたことについては大きな意義があったと思う。しかし、実施者は生い立ちの整理を目標にしていたものの、ここまで感情を伴って本児から表現されるとは想定していなかったため、セッション中はかなり動揺した。実施者も児童精神科医や児童相談所CPに相談し、セッションの中で本児が気持ちを立て直すことができたことから、今後行動化する可能性は低く、本児の思いを受容していけば良いとの助言を得たため、継続することができた。
・本児が虐待事実を語るなどの状況があったため、担当ケアワーカーとも話し合い、4回目に再度入所理由についてのセッションを入れるなど、最初に計画した内容を一部変更した。
・母親の協力が得られ、LSWに参加してもらえたことで本児も安心することができたと感じた。母親には子どもにどう話したらいいのかわからないという心配があったため、事前に児童相談所SWが母親と面接し、話し合う機会をもっている。

ケース3　児童養護施設から養子縁組を希望する里親に措置変更した事例

【ケース概要】

4歳の女児。児童養護施設入所中。

母親は若年・未婚にて本児を出産。経済的に困窮しており、親族からの援助も受けられないとのことで、出生した病院から乳児院に入所する。2歳で児童養護施設に措置変更する。

乳児院入所当初は、母方祖母に連れられ母親も面会に来ていたが、本児の父親とは母親が別の男性と婚姻した後、面会がなくなる。母方祖母のみの面会は数回あったが、定期的ではなく、連絡も途絶えがちになる。児童相談所の担当者が母親に連絡を取り、今後の意向を問うと、現在の家庭に引き取ることは困難なため、特別養子縁組を希望する。母方祖母も同意。

4歳になり、特別養子里親候補が見つかる。準備が整い次第、特別養子縁組前提で里親委託を開始することになる。発達的には能力が高く、面会に来ていた母方祖母のことを覚えており、写真を見て「ママ」と言うことがある。

【開始時、ジェノグラム】

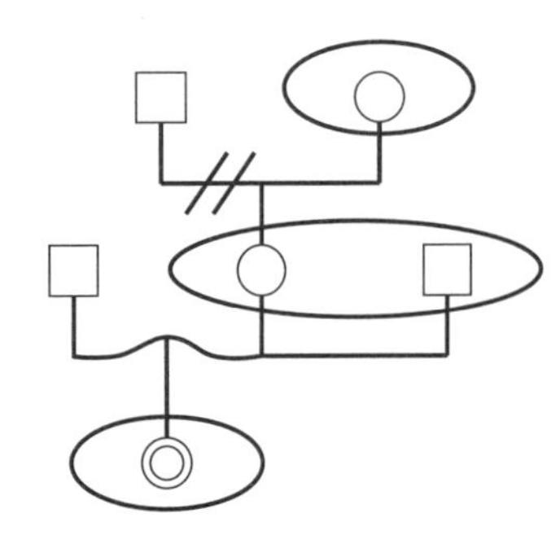

【開始のきっかけ】

・特別養子縁組を希望する里親が見つかり、里親委託を検討。新たな生活についての説明、これまでの生活の整理が必要と思われた。
・母方祖母を実母と思い込んでいるため、記憶の修正が必要である。

【目標】

・本児は、児童養護施設で生活を始めてから数回面会に来ていた母方祖母のことを覚えており、実母と思っているようであるため、正確な家族情報を伝える。
・家族関係を理解すると同時に、今後共に生活する里親を新たな家族と認識し、愛着関係を形成する。
・これまでかかわっていた家族・施設ケアワーカーを人生における大切な存在として意味付け、大切にされてきた経験を実感する。

【実施内容】

・準備段階：実施検討会議を実施（施設ケアワーカー・児童相談所SW・CPが出席)。施設へ特別養子縁組前提の里親希望者が見つかったことを伝え、マッチングのために必要な支援について協議。各々の支援目標をもちより、実施検討会議を開催。以下の課題が提示され、検討を行う。

課題：里親をどのように説明するか。施設から里親宅へ移動するときの説明は？
里親と会うまでに準備すべきことは？
母方の祖母を母親と思い込んでいることについて、どのように事実を伝えるか。
名前について、姓と名前があることを理解している。里親委託される際、里親の名字を名乗るか。
保護者（母親・母方祖母）の同意をどのように取るか。

方向性：課題解決のために、LSWを実施することで合意する。

・頻度：月1回
・場所：児童養護施設
・実施者：児童相談所担当CP

LSWの実施と共に、ソーシャルワークも展開したため、両方の動きを記載している。内容によっては児童相談所担当SWより伝える。

開始前に児童相談所SW・CPで母親と母方祖母と面接。再度特別養子縁組の方向で進めることを確認すると同時に、母親や祖母の名、本児の名前の由来を伝えることについて同意を得る。ただし、母親の生活状況については、伝えてほしくないとのことであった。

<table>
<tr><th>回数</th><th>参加者</th><th>LSW の内容</th><th>里親の状況、及び里親への支援</th></tr>
<tr><td>1</td><td>実施者</td><td>関係作り。一緒にお絵描きをしながら、自己紹介。</td><td rowspan="4">本児の家族背景やＬＳＷの目標、面接時の様子などを適宜伝える。</td></tr>
<tr><td>2</td><td>実施者</td><td>乳児院からのアルバムを一緒に見ながら、本児の中での家族イメージを共有。施設の行事に来ていた母方祖母の写真を指し、「ママ」と言い、母方祖母を母親と思い込んでいることを確認。
本児は落ち着きなく、椅子の上に乗ったり、部屋のカーテンで遊んだりするが、質問には答える。</td></tr>
<tr><td>3</td><td>実施者</td><td>性教育の絵本の読み聞かせをする。誰にでも生物学上の父母がいること、本児も生みの母親のお腹の中で大きくなり、生まれてきたことを伝える。本児はじっと絵本を見ている。</td></tr>
<tr><td>4</td><td>実施者・SW</td><td>生後すぐ里親宅で生活を始める子どもが主人公の絵本を用いて、生みの親とは別の親と生活することがあることを説明する。本児の生みの親も事情があって本児と生活できないが、施設で大切にされて育ってきたこと、生みの親や育ての親（施設ケアワーカー）とは別に、本児と一緒に生活したいと思っている人がいることを伝える。やはり落ち着きはないが、実施者の話はよく聞いており、生みの親はどこにいるのかと尋ねる。今は話すことはできないが、元気に過ごしていると説明する。</td></tr>
<tr><td>5</td><td>実施者・SW</td><td>母親と母方祖母の名前、本児の名前の由来を伝える。同時にこれから行く里親の名前も伝える。</td><td></td></tr>
<tr><td colspan="4">里父母と初面会。外出→外泊と進める。</td></tr>
<tr><td>6～9</td><td>実施者</td><td>セッション内での遊びや面接を通じて、里父母との関係構築をモニター。アルバムや絵本を繰り返し見ることで、生みの親、育ての親（施設ケアワーカー）、里親の存在を確認。</td><td>本児との関係構築をフォロー</td></tr>
<tr><td colspan="4">里親委託開始日が決定。</td></tr>
<tr><td>10</td><td>実施者・SW・里親</td><td>今後生活の場が里親宅に移ることを、電車と線路、駅の絵を用いて説明。母親と母方祖母の名前・施設ケアワーカーの名前も記入。絵は本人に渡す。委託後の生活で用いる名字について話し合う。本児も理解し、里親の名字を名乗ることを了解する。</td><td>生みの親の情報について、本児との共有をサポート</td></tr>
</table>

特別養子縁組申し立てを検討。			
11	実施者・ SW・里親	電車の絵を用いて、これまでの生活の振り返り。里親宅での生活継続についての意思確認。本児は引き続き里親宅での生活を希望する。そのため、特別養子縁組成立を前提に、法律上も里親が親になることの説明を行う。	

【考察】

・乳児の頃に生みの親と離れ施設入所した子どもは、年齢が幼ければ幼いほど家族イメージをもちにくく、自分にも生みの父母がいること、母親のお腹から生まれたということを理解しにくい場合がある。そのようなときには、性教育の絵本*[2]を用い、生命の誕生から伝える方法がある。また、生みの親と育ての親が異なることがあるなど、絵本*[3]で物語として読むことにより、まずは世の中で起こり得る一般的なできごととして認識した上で、自分の人生に起きたことを理解できるようになる。

・生活の場が変遷していること、戻ることはなく進んでいくこと、そのときどきで大切な人がいたことを電車と線路、駅の絵を用いて説明した（本児を進んでいく電車に、駅を生活の場に見立てる）。移動の変遷と家族や施設ケアワーカーの名を記した人生の記録となり、それがあることにより、里親宅に行った後も自然に生い立ちについて話すことが可能になったと考えられる。

・年少児の場合、法律や戸籍についての理解は難しいが、親にはさまざまな役割があることを伝えることで、少しずつ事実を受け止めていくことができると思われる。

＊２〈参考文献〉

・和歌山静子（著） 山本直英（監修）『ぼくのはなし（おかあさんとみる性の本）』童心社 1992年

・山本直英・和歌山静子（著） 山本直英（監修）『わたしのはなし（おかあさんとみる性の本）』童心社 1992年

・やまもとなおひで（著） さとうまきこ（イラスト）『おちんちんのえほん（からだとこころのえほん）』ポプラ社 2000年

・大葉ナナコ（監修）『いのちってスゴイ！赤ちゃんの誕生―おなかの中のドラマと生きる力（知の森絵本）』素朴社 2008年

＊３〈参考文献〉

・ジェイミー・リー・カーティス（著）ローラ・コーネル（イラスト） Jamie Lee Curtis（原著） Laura Cornell（原著） 坂上香（翻訳）『ねぇねぇ、もういちどききたいな わたしがうまれたよるのこと』偕成社 1998年

・あいだひさ（著） たかばやしまり（イラスト）『たからものはなあに？』偕成社 2009年

ケース４　非虐待親との交流をもつようになった事例

【ケース概要】

小学５年の男児。４人きょうだいのうち小学４年の妹と本児のみが父母（主に父親）からの身体的虐待により、５年前から児童養護施設に入所中。弟妹は家で生活している。入所後、父親が保護者として、児童相談所とのやり取りの窓口になる。父母は養育の負担や子育ての不安を認め、施設入所には同意する。しかし、児童相談所から父親に電話や手紙、家庭訪問をするが非常に連絡がつきにくく、これまで家族再統合を進められていなかった。今年に入り、関係機関からの情報で、父母が離婚し、母親が単独親権者になり、転居したことが判明した。

本児らは施設で目立った不適応はないが、特徴としては、兄は感情表現が苦手で性格的にも幼く、登校渋りあり。学力も低い。妹は活発だが、ことばがきつくなったり、テンションが高くなったりして、最近職員から注意を受けることが増えている。

【LSW 開始時、ジェノグラム】

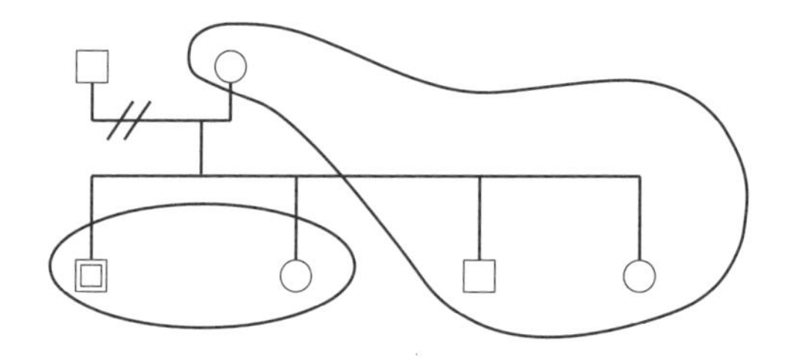

【開始のきっかけ】

・本児らは施設内で、他児が家族と交流をもっている姿を見て、自分たちに会いに来てくれる親はいないのかと、施設ケアワーカーに質問するようになっていた。

・父母の離婚により、家族状況が変化。

・入所理由も曖昧であったため、親子交流に向けて、入所に至った経緯と、これまでの経過を改めて整理する必要がある。

・児童養護施設、児童相談所双方の意見が合致し、LSW を実施することになる。

【目標】

・入所理由と家族の状況を伝え、本児らの家族イメージを整理した上で、親子面会、親族との面会につなげる。

【実施内容】

・頻度：月１回程度

・場所：児童養護施設。第５回、第７回の母親や母方祖母との面会は、児童相談所で実施。
・実施者：児童相談所担当SW

時期	児童への支援およびLSWの内容	保護者（母親・母方祖母）の状況、および保護者への支援
X年１月		住民票、戸籍から現在の家族状況を確認する。 母親が単独親権者であることがわかる。
X年２月	LSWの導入。本児らの家族のことについて伝えていくと説明する。きょうだい同席で実施する。	住民票記載の住所に手紙を送り、連絡がほしい旨記載する。 後日、母親から児童相談所に連絡あり。警戒心が強いが、家庭訪問は了解する。母親の実家に身を寄せている。
X年３月	LSW　第１回 オリジナルブックの表紙づくりから始める。本児らの好きな色のファイル、シール、マスキングテープなどを用意する。兄は、妹のシールの貼り方を真似ている。 父母、弟妹の名前と生年月日を伝える。本児らは興味をもって聞いている。	
		家庭訪問（母方実家） 母親と母方祖母と面接。弟妹も在宅。父親は転職を繰り返し借金があり、DVも受けていたため離婚したこと。入所後、児童相談所から自宅に送っていた手紙や写真を母親は見ていなかったことが判明。本児らの様子を伝え、写真を見せると、母親は涙を流す。母方祖母も入所前は本児らをかわいがっていたことがわかる。 入所前の虐待状況について確認。父親が主たる虐待者であるが、それを止めると母親も暴力を振るわれるため、母親は止められなかったこと、どのように躾けていいかわからず、母親も手をあげることがあったことを聴取。 母親と母方祖母とも本児らとの面会を強く希望。

<table>
<tr><td>X年3月</td><td>LSW　第2回

母方祖母の氏名と生年月日を伝える。母親は父親と離婚し、母子世帯になったことを説明する。
本児らは、前回伝えた家族の氏名と生年月日をよく覚えている。</td><td>母子は母親の実家を出て、実家の近くで母子のみの生活を開始。</td></tr>
<tr><td rowspan="2">X年4月</td><td></td><td>施設ケアワーカーと家庭訪問（母親宅）

施設ケアワーカーから本児らの様子を伝える。母子面会時に想定される子どもの反応を事前に説明。この間、本児らと交流がなかったこと、父親から守りきれなかったことを母親から謝罪してもらうことを約束。面会にあたり、本児らに説明する入所理由を母親に先に説明する。
今後、母子面会を進めるのと平行し、祖母との面会も進めていきたいことを伝える。母親は躊躇しながらも了解する。</td></tr>
<tr><td>LSW　第3回　施設ケアワーカー同席

本児らが施設入所している理由を、「本児らが父母と家で生活をしているときに、父親が本児らを叩き、本児らは怪我をした。母親はそれを守れていなかったし、母親も手をあげることがあった。怪我が続くと危ないので、児童相談所は本児らを保護した。その後、父親が児童相談所との窓口になったため、母親と直接話することはなかった。このたび、父母は別々に生活することになり、本児らのことは、母親が責任をもって考えていくことになった。それで、児童相談所は母親と話ができるようになった。母方祖母とも話ができた」と説明する。本児らは黙って聞いている。
母親が本児らとの面会を希望していると伝えると、本児らも会いたいと即答する。</td><td></td></tr>
</table>

<table>
<tr><td rowspan="2">X年5月</td><td>LSW　第4回

実施者が本児らに伝えた内容を記入したオリジナルブックを渡す。妹は「お父さんが悪い」と言う。兄は黙っている。
母親、弟妹との面会日が決まったことを伝える。本児らは反応が少ない。</td><td></td></tr>
<tr><td colspan="2">LSW　第5回

<u>母子面会実施（初回）</u>　弟妹同伴　実施者・施設ケアワーカー同席
（場所：児童相談所）
母親は本児らになかなか話しかけられず。本児らも母親と目を合わさず、本児らきょうだいで遊び始める。その次は弟妹と一緒に遊ぶ。
母親と本児らが話をする場を、実施者から設定する。母親は涙を浮かべながら、「今までごめん」と謝罪。本児らは黙ってうなずく。母親はそれ以上言葉が出てこないため、実施者から再度入所理由をその場で共有する。その後は、母親も本児らと一緒に遊び、笑顔も出てくる。
本児らは、最初は表情が固いが、後半は徐々に笑顔が出てくる。最後に、母子と参加者全員で写真を撮影する。</td></tr>
<tr><td>X年6月</td><td>LSW　第6回

母子面会の感想を聞く。「楽しかった」とは言うものの、具体的に聞いてもそれ以上の答えは出ない。事前に用意した、感想を記入するオリジナルブックを渡す。妹は書き込むが、兄はほとんど書かないか、書いても単語や短文。</td><td><u>施設ケアワーカーと家庭訪問（母方実家）</u>
施設ケアワーカーから本児らの様子を母方祖母に伝える。
入所前、本児らはアザを作っていたため、祖母は虐待を心配していたが、娘夫婦の養育方針に口出しができなかったと、当時の苦悩を述べる。</td></tr>
<tr><td>X年7月</td><td colspan="2">LSW　第7回

<u>母方祖母面会（初回）</u>　実施者・施設ケアワーカー同席　（場所：児童相談所）
祖母は本児らの姿を見ると涙を流す。本児らの手を握り、会えた喜びを伝える。祖母はかつて本児らと撮影した写真をたくさん持参しており、それぞれエピソードを話して聞かせる。本児らの名前の由来も話してくれる。
本児らから話しかけることは少ないものの、祖母の話をはにかみながら聞いている。</td></tr>
<tr><td>X年8月</td><td>LSW　第8回

祖母との面会の感想を聞く。2人とも「また会いたい」と答える。妹は、施設で母親・弟妹・母方祖母が集まって面会したいと言う。</td><td></td></tr>
</table>

		家庭訪問（母親宅） 本児らが、母親・弟妹・母方祖母そろっての面会を希望していることを伝える。母親は積極的ではないが了解する。
X年9月	LSW　第9回 母親、弟妹と面会　実施者・施設ケアワーカー同席 母子とも固さはあるが、初回面会時よりも緊張がほぐれるのは早い。母親から本児らに言葉をかけることは少なく、実施者から話題を向ける。 入所後のアルバムを母に見てもらう。母親は嬉しそうに眺めている。弟妹がじっとしていられないため、実施者か施設ケアワーカーが弟妹と遊ぶようにする。	
X年10月	LSW　第10回 母親、母方祖母、弟妹と面会　実施者・施設ケアワーカー同席 本児らは家族全員と施設で会えたことを喜ぶ。 母親と母方祖母の会話はあまりない。お互いが遠慮している様子。最後は全員で写真撮影する。	
X年11月	LSW　第11回　施設ケアワーカー同席 これまで母親や祖母と面会した日時と場所を振り返る。 面会時に撮った写真を一緒に見る。既に何枚か自室に飾っているとのこと。残りを、オリジナルブックと普段のアルバムに貼る写真を分ける。	

【考察】

・保護者への調整と同時並行でLSWを開始したため、事前に実施期間や回数の詳細は決めずに開始した。

・母親が単独親権者になったことを把握した時点では、母子面会の実現を目標にしていた。しかし、母方祖母の協力を得られるとわかったため、祖母との交流も同時並行で調整を行なった。具体的な進め方としては、ケースの動きに合わせて、その都度児童相談所内で会議をし、その後施設とワークの内容について打ち合わせを行った。

・母親は祖母と本児らとの交流に積極的ではない。そのときの実施者、スーパーバイザーの判断によっては、まずは母子の交流から積極的に開始し、その後、祖母との交流につなげるという判断もあるだろう。しかし今回は、本児らに支援者がたくさんいることを実感してもらうため、また、この機会を逃すと次にいつ祖母と接触ができるか不明確なため、あえて祖母とも同時並行で交流を開始した。

・施設が協力的であったため順調にLSWを進められたが、配慮した点としては、児童相談所・施設・児童・母親・祖母と、多くの人の予定の調整が必要であるため、日程調整は早めに行っていた。本児らが、母親や祖母と交流をもったときは、常に施設ケアワーカーが本児らと振り返りの時間を取った。

・LSW実施後、本児らはよく、家族の話を施設内で嬉しそうにしている。兄は朝の起きにくさはあるものの、登校渋りはなくなっている。妹は現時点では、日常生活の中で特に変化はない。2人とも外出、外泊はまだできないのかと心待ちにしている。

ケース5　置き去りにされた子どもに、事実の伝え方を検討した事例

【ケース概要】

中学1年の女児。生後1カ月のときに、児童養護施設前に置き去りにされていた。「いつか迎えに行きます」という内容と本児の名前、生年月日が書かれた手紙が一緒に置かれていた。警察で捜査をするが保護者は見つからず、棄児として就籍する。2歳までは乳児院、その後は児童養護施設で生活をしていた。児童相談所は幼児期に特別養子縁組についても検討するが、里親とのマッチングがうまく進まず、週末里親を利用していた。

小学5年ごろから、他児への暴言、暴力や施設ケアワーカーへの反抗が始まり、小6時には喫煙、地域の中学生との夜間徘徊、無断外泊などの非行行動もエスカレートする。そのため週末里親も中断してしまう。同時期から本児が「自分の親はどこにいるのか探してほしい」などの発言を施設ケアワーカーにしていた。本児に生い立ちについて事実を伝えていく必要性は感じながらも、生活が落ち着かず、LSWの実施が困難であった。

中1時に本児は児童自立支援施設に措置変更となり、そこでの生活は落ち着いている。

【LSW開始時、ジェノグラム】

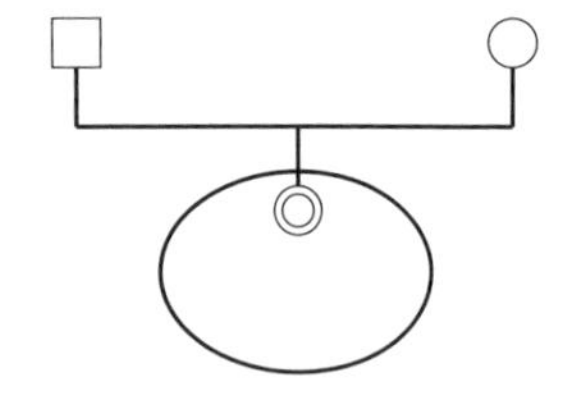

【開始のきっかけ】

・本児に生い立ちの事実をどのタイミングで伝えるかを決められないままであった。小学校高学年時に本児自身も疑問をことばにするようになったときには、本児の生活が安定せず、施設ケアワーカーの不安も大きく、LSWの実施が困難であった。

・児童自立支援施設に措置変更後、本児の生活も落ち着き、担当ケアワーカーとも信頼関係ができてきた。
・児童相談所も担当ケアワーカーも、本児の将来のために、過酷ではあるが生い立ちの事実を伝えていくことが必要であることを確認した。

【目標】
・置き去りにされていたこと、現状では親や家族のことはわからないという事実も含め、本児の生い立ちについて整理する。
・出生から今まで、たくさんの大人が本児のことを大切に思い、養育してきたこと、今後も本児と共に生活し、支えてくれる大人がいることを本児に伝える。

【実施内容】
・頻度：1カ月に1回
・実施場所：児童自立支援施設
・実施者：児童相談所担当 CP
※すべてのセッションに担当ケアワーカーが参加。必要時には児童相談所担当 SW も参加。

回数	参加者	内　容　な　ど
1	実施者・SW	● LSW の導入面接 本児が親のことを知りたいと思っていると聞いている。本児も中学生になり、大人に近づいてきているので、今までの生活を振り返りながら、わかっていることは伝えていくと説明、本児も同意する。 ● 6つのボックスを利用し、本児と実施者がお互いのことを紹介する。
2	実施者・担当ケアワーカー	●オリジナルブックの表紙づくり ●今の生活について 今の施設での生活や学校で楽しいこと、つらいことなどを話しながら、オリジナルブックにも書いていく。また周りには担当ケアワーカー、学校の先生、友だちなど、どんな人がいるかを話し合う。今の自分にとって大切な人たちを記入していき、複数の人たちに支えられて、安心して生活していることを確認する。

3	実施者・担当ケアワーカー	●生活の場の移動について 写真などを見ながら、乳児院→児童養護施設→児童自立支援施設と生活の場が変わっていることを確認し、記入する。
4	実施者・担当ケアワーカー	●父母について 本児は施設前に置かれていて、父母が誰なのかわからないことを伝える。母親の手紙を見せ、母親はどんな事情で本児を育てられなかったのかはわからないが、本児が元気に育つようには願っていたのではないかなどを話し合う。母親につながるものがほとんどないため、母親の手紙、本児がくるまれていた毛布、保護されてから受診したときの診療情報提供書の一部など、できる限りのものを本児に渡す。
5	実施者・担当ケアワーカー	●赤ちゃんだったころについて 乳児院での生活、本児がどんな赤ちゃんだったかを写真、母子手帳などを見ながら伝えていく。同時にケアワーカーがいろいろな世話をし、大事に育ててくれて、成長していったことも確認する。 ※事前に乳児院からの情報収集が必要
6	実施者・担当ケアワーカー・SW	●乳児院を訪問 本児を担当していたケアワーカーや知っているケアワーカーが当時の本児の様子を話してくれたり、大きくなったことを一緒に喜んでもらうことで、大切にされていたことを実感する。
7	実施者・担当ケアワーカー	●児童養護施設での生活（その 1） 幼児期から小学生までの施設での生活、幼稚園や小学校で過ごしたことなどを楽しかったこともつらかったことも振り返る。
8	実施者・担当ケアワーカー	●児童養護施設での生活（その 2） 児童養護施設から児童自立支援施設に措置変更になったことを振り返る。
9	実施者・担当ケアワーカー	●未来について 今後に本児がどうなっていきたいか、将来の希望などを考える。本児は中卒後の進路についてや週末里親と再度交流したいなどの希望を話す。

【考察】

・置き去りという過酷な事実をどう伝えるかは、実施者、児童相談所担当 SW、児童相談所スーパーバイザー、施設心理士などとかなり綿密に話し合った。しかし過酷な事実を本児に伝えることへの実施者の心理的負担は大きかった。そのためセッション実施前に本児への伝え方の具体的な表現を一緒に考えることや実施後に本児の様子を共有し、実施者の気持ちの動揺を受容するなどスーパーバイザーの役割も大きかった。

※この児童相談所にはLSWに習熟しているSWの上司がいた。

・児童自立支援施設での、生活の中での細かいルールがある中でのLSW実施であったため、担当ケアワーカーと協議の上、約束事を事前に実施者、担当SW、本児とで書面で確認するなど、施設生活に支障のないように工夫をした。

・過酷な事実、わからないことばかりでのLSW実施であったが、SWはできるだけの情報を集める努力をした。わかったこと、わからないことを本児に正直に伝え、大人側の真摯な思いを伝えることで、本児も最後の感想には「いろいろわかったし、話ができて良かった」と書いている。その後、施設でも安定した生活を継続できた。

ケース6　養育里親と協力しながら実施した事例

【ケース概要】

高校1年の男子。実母は、本児が幼いころからうつ状態になり、家事や育児が全くできない状態になる。ゴミが散乱し、汚れた食器が積みあがった家で、兄、本児、弟の3人の子どもが生活していた。実父は仕事に出ていたが、帰ってくると、何もせずに寝ている母親を見て腹をたて、子どもたちの前で母親に暴力をふるった。「殴らないとわからん」と言って、母親だけでなく、本児らにも暴力を振るうことがあった。

やがて実母は、弟を連れて家を出て、父親と兄、本児の生活となる。父親は父親なりに仕事も家事もしていたが、徐々にうつ状態となり、仕事をやめてしまう。ある日、買い物に出た父親は交通事故で死亡。その後、父方祖父母が本児らを引き取って面倒をみていたが、本児は父親が急に死んでしまった寂しさを整理できず、たばこを吸ったり、夜遊びや万引きをするようになった。

祖父母からの相談を受けて一時保護を何回か繰り返したのち、児童自立支援施設に入所し、中学卒業までそこで生活する。祖父母は高齢のため、入退院を繰り返す状況であり、中学卒業後は養育里親に委託されることになった。

【LSW開始時、ジェノグラム】

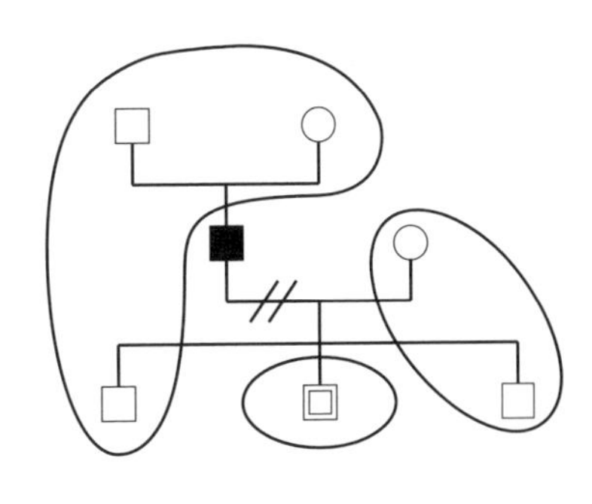

【開始のきっかけ】

・里親委託後、定期的に児童相談所に通所、児童自立支援施設入所前の生活について、ふり返りをししていたが、その中で本児より、「(母親が家を出た) 小学校3年生より前の人生は、消してしまいたい」という発言がある。それもまた自分の歩んできた道なので、消してしまう前に、一緒に振り返ってみようと促し、LSW に導入。父方祖父母や、里親にも協力を求め、同意を得る。

【目標】

・これまでの生活の振り返り、なぜ消してしまいたいのかを本児が自覚すると共に、支援にあたっている大人の側も本児の本当の気持ちに気付けるようになる。
・父母との生活の中で見聞きしたことと、今現在の自分の行動や考え方のつながりについて理解する。
・父親や母親についての思いを整理する。

【実施内容】

・頻度：月2～3回のペースで1年間実施。
・実施者：児童相談所 CP。
・実施場所：児童相談所。里父母とのカンファレンス時は、実施者が里父母宅を訪問。
・準備：祖父母に協力を求め、祖父母から父親が亡くなるまでの家族の生活の状況や、父親や母親と本児らきょうだいとの関係について聴取。
・里父母、児童相談所担当 SW などとも事前にカンファレンスの場をもつと共に、LSW 実施中も、必要に応じて里父母と実施者は話し合いの場をもった。

回数	LSW の内容
導入	昨年度の通所の振り返りと、今年度一緒に考えてみたい内容について提示し、本児の思いを聞き、同意を得る。
1～4	●現在の生活について ・高校生活（クラス、生徒会活動、クラブ、先生など） ・里親宅での生活（起きてから寝るまで、里親との約束事、里親と出かけたこと、里親について思うこと、生活についての良い面や不満など） ・最近関心をもっていることや楽しんでいること。 ※生活の状況を聞きながら、毎回、面接と面接の間に起こったこととそのときの気持ちを聞くなど、気持ちを表現する練習を重ねる。

5～6	●喫煙が見つかったとき、里母に注意されて逆切れしたエピソードについての話し合い。 ・施設に入所する前に祖父母から毎日注意されていたときのことを思い出す。 ・喫煙を始めたころのことや、喫煙することで父親が亡くなった寂しさを紛らわしていたことを語る。 ⇒現在のエピソードから過去のできごとを本児なりに考える。
	担当SW、里父母と、本児の反応と過去の体験のつながりについて共通理解をもつ。
7～11	●里父母宅に来るまでの暮らし ・児童自立支援施設での生活 ・一時保護所での生活 ・一時保護される前の担当SWとのやりとり ※それぞれの時代のエピソードや、周りの大人に言われたこと、そのときの気持ちや考えたことを話し合う。不安や、苛立ち、怒り、孤独といったネガティブな感情も、喜び、楽しさ、面白さといったポジティブな感情をもった体験も表現。こうした体験、トピックは、オリジナルブックに書き留めていった。
12～14	●年表づくり①「生まれてから小学校に入学するまで」 ・本人の記憶にある「できごと」を書く。 ・担当SWの調査結果と突き合わせて時系列などを修正。 ・当時のエピソードを語ってもらい、実施者が年表に書き込む。 ・それぞれのエピソードについて、そのときの気持ちや、どのように考えていたかを語ってもらい、実施者が年表に書き込む。 （例）「きょうだいのうち、自分だけ施設に入って、そこから幼稚園に行った。そこの先生がすごくきれいで優しくて大好きだった」
15～18	●年表づくり②「お母さんが家を出るまで」 上記①と同様に進める。以下、やりとりの例。 「お母さんが何もしなくなった。ずっと寝ている。家の中はぐちゃぐちゃだった。お父さんが仕事から帰ってきて、お母さんと喧嘩して、『殴らないとわからない』と、お母さんを殴っていた」 「俺たちきょうだいはTVを観ていた。『またか』という感じだったけど、ほんとうは怖かった。TVの方を観て、お母さんが殴られているのを見ないようにしていた」 「お母さんが悪いから殴られるんだ、お父さんが怒るのもあたりまえだ、と思っていた」 「お母さんは以前からずっと家のことを何もしなかったの？」 ⇒「最初はしていた。途中からしなくなった。病気だったのかな。そんなふうには見えなかったけど」⇒「うつ」について説明。

19〜23	●年表づくり③「お母さんが家を出てお父さんが亡くなるまで」 上記①、②と同様に進める。以下、本児の語りの例。 「お母さんがいなくなってから、みんなで皿洗いをした。いっぱいあったので、風呂場で洗ったのを覚えている」 「弟を連れてお母さんが出て行った。出て行ってから、1回お父さんと一緒に弟に会いに行った。お母さんも来た。どこかの公園で会った。弟は髪の毛を洗っていなくてドロドロだった。公園の水道でお父さんと一緒に頭を洗ってあげた。弟をお母さんに渡すんじゃなかったとお父さんが言った。今も、弟がどうしているか心配。一目会いたい」 「お母さんが出て行ってからは、お父さんが家の片づけをしたり、ごはんを作ったりしてくれた。事故があった日も、お父さんが夕飯の材料を買ってくるといって出かけた。でもなかなか帰ってこなかった」「おじいちゃんから電話があって、それからみんなで病院に行った。わけがわからなかった。お父さんが死んだなんて信じられなかった」
24〜27	●年表づくり④「お父さんが亡くなってSWがやってくるまで」 上記①、②、③と同様に進める。以下、やりとりの例。 「おじいちゃん、おばあちゃんがうちに来て、一緒に住むようになった」 「お父さんがいなくなって寂しかったけれど、兄貴の友だちが僕をかわいがってくれた。放課後に一緒にサッカーをしてくれて、遅くまで遊んでいた。煙草を吸うようになった。万引きとかもした。帰るのが遅くなったり、万引きしたり、煙草吸ったりしたから、おじいちゃん、おばあちゃんに毎日怒られた。俺の存在が迷惑だと言われた」 「迷惑だと言われたときの気持ちは？」 ⇒「ショックで悲しくて、お父さんに会いたくなった」 「SWが来て、一時保護所に連れていかれたときは、俺の存在が迷惑だから捨てられたんだと思った」
28〜29	●振り返り ・本児が語ったできごと、エピソード、気持ち、考えなどを書き込んだ年表を、一緒に見返す。 ・消してしまいたかった昔を振り返ってみての感想を共有。 ⇒「昔のことと今のことがつながっていたなと思った。お母さんには、今も会いたいとは思わないけど、前ほど腹は立たない。ただ、弟のことはやっぱり心配。どうしているのか知りたい。将来は、お父さんみたいな仕事をしたい。でも自分の奥さんが病気になっても、俺はお父さんみたいに殴らない」

30 ～ 32	●これからの生活について ・高校生活もあと1年。卒業後の進路や将来の希望について本児のイメージを話してもらう。 ・結婚や家族を作ることについて話をしてもらう。 ・「3年後のぼく」というタイトルでオリジナルブックに絵や文を書く。このワークをもって、終了とした。
	里父母、担当SWに、1年間の面接を通じて本児と共有したことを報告。

【考察】

・里親委託後の生活で見られた「喫煙」や、里母からの注意への「逆切れ」について、本児のライフストーリーを整理する中で、その行動や表現の意味が本児自身にも、また里父母にも、理解ができるようになった。

・父親を理想化しており、将来、父親と同じ仕事につきたいなど、肯定的な目標としている。その一方で、里父母が暴力を使わずに本児に注意を繰り返してくれたことにより、本児自身が「殴られなくとも、自分のやったことが良くなかったと理解できた」という体験ができたため、父親の考え方（殴らないとわからない）には、間違いもあったと認めることができるようになった。

・母親については、思い出さないようにして完全否定していたが、母親が母親として機能していた時期があったことも思い出し、母親の病気について説明も受けたことで、その見方が少し変わった。「弟に会いたい」という発言の背景には、弟を育てている母親の様子を知りたいという思いもあるように、実施者には感じられた。

・自分の記憶から消してしまいたいと言っていた幼いころのできごとを共に整理する中で、いやだったこと、怖かったことだけでなく、父親に遊んでもらった思い出や、きょうだいとの時間、母親が元気で食事を作ってくれていたときのことなど、肯定的な思い出もまた思い出すことができ、「年表」という形にすることで、本児の中に一定の整理ができた。

・でき上がった年表は、里父母とも共有し、それ以降、生まれた家族のことについても、里父母に話をするようになった。

（浅野恭子・新籾晃子・西川貴美・堀口祐毅・南まどか）

第2節　施設職員主体の取り組み

ケース1　児童養護施設職員主体の生活密着型の事例（その1）

【ケース概要】

6歳の男児。実父からの身体的虐待で3歳時、児童養護施設入所。その後、実父は行方不明となり、実母と養父とのかかわりが5歳時より始まる。

【LSW 開始時、ジェノグラム】

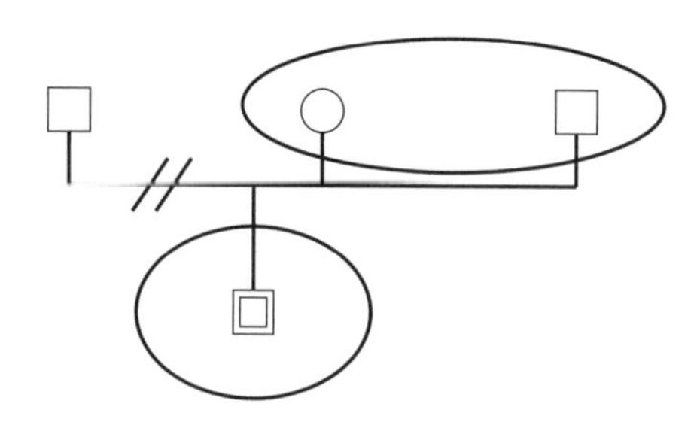

【開始のきっかけ】

実母と養父より家庭引き取りの希望あり。家庭引き取りをめざして面会を始める前に、本児の家族状況と過去の経験、入所理由、今後の展開等を整理し、理解することが必要であると、施設も児童相談所も考えた。

【目標】

・本児が自身の人生に生じたこと、今後生じるであろう展開を理解する。

・事実を整理した上で、本児と母親・養父との関係を構築し、家庭引き取りに向けての準備を行う。

【実施内容】

・頻度：1週間に1回。セッションとしては2回。適宜生活の中で振り返りを実施。

・実施場所：セッション1－児童相談所。セッション2－児童養護施設。

・実施者：施設主任ケアワーカー。セッションによっては、施設担当ケアワーカー・児童相談所担当 SW・母親・養父が参加。

・準備：児童相談所：実母と養父との面接を重ね、必要な写真や情報の収集を行う。

施設：児童相談所からの写真や情報などをもとに、主任ケアワーカーと担当ケアワーカーがオリジナルブックを作成。

回数	参加者	内　容　な　ど
1	実施者・担当ケアワーカー・SW・実母	●LSWの導入面接。オリジナルブックはスケッチブックを使用し、本児のストーリーを、絵を交えて10ページほど作成。それを実施者が読み聞かせるが、そのときの詳細については実母が説明。実母が本児を生んだときや、施設に入所せざるを得なかったときの気持ちを絵や写真を交えながら語る。また、SWは入所を決めた理由、どのように本児が施設に来たのかを説明する。 ●本児は、実母が泣きながら必死に話す姿とオリジナルブックを交互に食い入るように見入る。常に担当ケアワーカーが傍らで本児に寄り添うような形を取る。施設に戻った本児は他のケアワーカーにも今日の内容を話し、理解は一応した様子。担当ケアワーカーがその日は寄り添う。特に言動に大きな不安定さは見られなかった。
2	実施者・施設担当ケアワーカー・SW・実母・養父	●LSWブックの後半を説明。実母が養父と本児と一緒に暮らしたいと考えていることについて語る。SWは、そのためには本児が実母と養父と少しずつ仲良くなって、一緒に暮らせるように、面会・外出・外泊を重ねていく必要があることを説明する。同時にSWが本児の希望や気持ちをその都度確認していくことも伝える。 ●本児は、自分の気持ちを「今はお家に帰りたくないけど、少しずつ練習してみる」と言う。居室に戻ってからは嬉しそうに他のケアワーカーに報告する。オリジナルブックは本人の居室でいつでも見られるようにしており、何度も確かめるように見ている。

【考察】

・本児の年齢を考慮すると、「実父からの身体的虐待」という難しい事実をどのように伝えるかに思案した。児童相談所のSWともその点については検討し、母親にも了解を得ることができるような表現を探した。その結果、「お父さんは上手に○○くんのお世話ができなくて、○○くんが安心して家で暮らせなくなったんだよ」という言葉で説明した。

・養父が何者であるかについては、「お父さんがいなくなった後、お母さんをそばで支えてくれ、○○くんの新しいお父さんになりたいと思っている人だよ」と、説明を行った。

・本児が実際に行う作業として、施設に入所してからの写真をオリジナルブックに貼る作業を行った。生まれてから入所に至るまでの生活を母親が述べた後、母親や養父に、入所してからの施設での日々のことを写真を見せながら本児は自分で説明をしていた。この行為

が本児にとっては自分の人生を確認する大切な作業だったのではと感じた。

・母親に対してのケアもとても重要だった。児童相談所のSWが事前にLSWの内容を繰り返し丁寧に説明してくれたおかげで、母親は主体的にこの作業に臨むことができたが、2回とも感情が溢れ、泣いて言葉にならないような場面もあり、SWが実母の気持ちの代弁を担う役割も果たした。

・施設のケアワーカーとしては、主任ケアワーカーがLSWの進行と確認作業の役割を担い、担当ケアワーカーが本児に寄り添っていた。母親が涙するシーンでは本児も動揺したが、担当ケアワーカーの持ち物などを手にしたりして不安の共有を行っていた。

・施設からの家庭復帰をめざす場合、どの年齢の子どもにもこのような作業は必要である。自分の家族やヒストリーを理解しないまま、家族再統合の過程を進むと子どもは自分で見つけた疑問や不安などを直接自分の親にも確認できないまま年齢を進めてしまう。施設にいる間にこそ、この点についても整理は行っておきたい。

・なお、この事例については、セッションとしては2回の実施に留まっているが、実施者が施設ケアワーカーで日常生活場面でのかかわりが密なため、LSWへの動機付けを図ったり、わずかな心の変化に気付いてフォローを行うなどの支援をセッション外で行っており、継続的な支援になっていると考えられる。

ケース2　児童養護施設職員主体の生活密着型の事例（その2）

【ケース概要】

中学1年の女児。実父母が突然行方不明となり、一時保護される。兄は最初、別の施設で一時保護されるが、後に同じ施設に入所となる。

【LSW開始時、ジェノグラム】

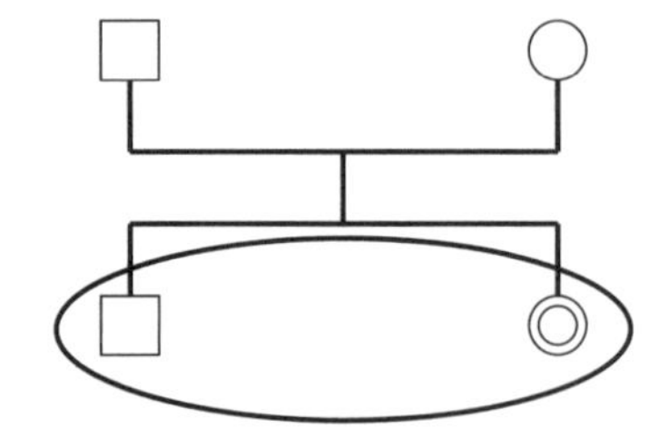

【開始のきっかけ】

中学生になり問題行動が顕著になってきたが、その背景には大人への不信感が大きかった。本児と話を重ねると本児は入所理由や入所したときの児童相談所の職員の言動に怒りを覚えており、整理する必要があった。

【目標】

・生い立ちを振り返り、これまでの経過をきちんと説明することで、誤解を解き、大人への不信感を軽減する。

・本児の怒りの感情やその背景を知ることで、本児の気持ちに近づき、共感することを通じて特定の大人との信頼関係を築く。

【実施内容】

・頻度：2カ月に1回。セッションとしては3回。適宜生活の中で振り返りを実施。

・実施者：主任ケアワーカー。セッションによっては、担当ケアワーカー、児童相談所担当SW・CP。

・実施場所：児童養護施設。

・準備：

児童相談所：事前に本児の怒りの内容などを施設から児童相談所の担当SWに伝え、できるだけ詳細に入所日にどのように本児らを一時保護したのかを調査。当時の担当SWからも聞き取りを行ってもらった。また、児童相談所は十分な説明ができずに一時保護に至ったことについて、謝罪することを決めた。

施設：本児に今回の取り組みについて主任より説明した。その上で年表づくりを提案し、一応の了解を得た。

回数	参加者	内容など
1	実施者・担当ケアワーカー・SW・CP	●LSW実施者から、今回のモチベーションの確認をし、本児の気持ちの吐露を促した。その後、一時保護に至った理由と、その日何が起こったのか、どうして兄と引き離されたのかについても説明。そしてそのときに本児の気持ちに十分に寄り添えなかったことについてSWが謝罪した。 ●本児は、事前に何を言うのか練習していたので、感情的にならずに気持ちを話せた。また当時の担当SWではない現在の担当SWが誠意をこめて説明し謝罪をしてくれたことについて、一定の納得の様子を見せた。
2	実施者・担当ケアワーカー・SW・CP	●本児の記憶の整理（年表づくり）。画用紙1枚に年齢ごとに区切った年表を白紙の状態で用意し、本児の記憶の確認作業を行った。進行は実施者が行い、本児に質問し答えてくれた内容を実施者が書き込むという作業が続いた。その中で、本児は実父母への気持ちや思い出を少しずつ加えていく。空白の部分についてはSWが知る限りの情報（親族から事前に聞き取った内容など）を加えていった。 ●この作業の中で、怒りや困惑の対象が児童相談所のSWだけにあるのではなく、実父母に対してもあることを本児自身も何となく認識する。

3	実施者・担当ケアワーカー・SW・CP	●本児の将来への希望などを聞き取る。また、SWより今は実父母とは連絡は取れないが、親族らが本児を大切に思っており、できる支援があることなどを伝えた。 ●この3回のセッションを通して、大人への怒りの整理が少しできた。幼少時代を思い出すことにより、実父母との楽しかった思い出やさみしさを語ることができた。一時保護や施設入所の必要性についても一定の理解をしたように思われる。担当ケアワーカーからも、その後も落ち着いて本児が生活していたと報告があった。

【考察】

本児にLSWを行うきっかけとなった会議がある。外部の精神科医なども参加する事例検討会議で、施設側から本児が普段口にする不満の言葉を報告した。そのことから、本児が過去の整理をする必要があるのではと助言を得た。

中学生になると思春期特有の葛藤もあり、LSWがやりづらくなることがある。本児の担当ケアワーカーがかかわりづらさを感じていたので、タイミング的にはギリギリといったところである。LSWの中で担当ケアワーカーやSWは、初めて本児の両親に対する想いを直接聞くことができた。また、本児も記憶があいまいになっていた部分をクリアにしていくこともできた。

本児は複雑な感情の中で、自分の記憶が偏ったものになっていたのかもしれない。施設に入所したことが全ての不幸であるという発散の仕方をしていたが、少し自分の置かれている状況を客観視できるようになったと感じる。その中で、周囲に支援する大人の存在があることを伝え続けることが大切だと考える。

ケース3　児童心理治療施設の事例

【ケース概要】

小学5年の女児。実母は本児が2歳時に病気で他界。本児が3歳時に実父が継母と再婚し、4歳時に妹（実父と継母の子）が生まれる。その後、実父から本児への身体的虐待、継母へのドメスティック・バイオレンスがあり、実父と継母が離婚。継母が本児と妹を引き取る。継母、本児、妹共に実父との交流はない。離婚後、継母はうつ病を発症。本児自身は7歳時に不登校になる。本児と妹の養育が不十分と判断され、本児8歳時に、2人とも児童心理治療施設に措置される。その後、継母はうつ病が軽快し、妹は入所後2年で家庭復帰するが、本児の引き取りは「養育の自信ない」と、継母は拒んでいる。本児は家に帰りたいと思っているようだが、そのことを明確に主張することはない。本児は継母のことを実母だと思っている。

本児の施設での様子としては、入所当初は日課は一定程度こなせるが、不機嫌なときや思いどおりにいかないときには固まったり、かんしゃくを起こして泣くことがあった。しかし、入所後1年程度たつと落ち着きを見せ、ほとんどそのような行動は見受けられなくなる。とはいえ、現在でも時折テンションが高くなり、注意されることもある。担当ケアワーカーとの関係は良好。外泊は月1回実施しているが、母親の体調不良を理由に、時折キャンセルになることがある。妹については仲良く遊ぶこと多いが、他児に「あいつだけ家でずるい」と言っているのを担当ケアワーカーが聞いたことがあった。

【LSW 開始時、ジェノグラム】

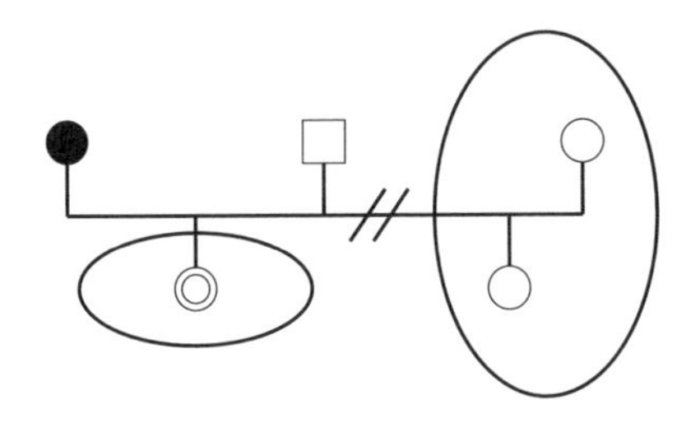

【開始のきっかけ】

・担当ケアワーカーとしては、本児が実母ではないことを知らないままでよいのだろうか、と悩んでおり、いつか本児に事実を伝えた方がよいと考えていた。
・実施検討会議を、LSW チェック項目（P.36 ～ 41 参照）を用いて行ったところ、本児は入所当初は落ち着きがないときもあったが、入所後1年経過した現在においては、大きなトラブルもない。そのため LSW を実施しても大きく調子を崩すことはないだろう、と判断された。
・本児が今の母親を実母であると思っており、その点について事実を本児が知ることが重要であること、また事実を知る際には、本児が実母、継母、施設での養育のそれぞれにおいて、大切に育てられた事実も併せて知ることである、という見解が支援の関係者間で共有された。

【目標】

・今の継母が育ての親であり、他にも生みの親（実母）がいたことを知る。
・これまで本児が受けてきたケアについて体験的に知る。

【実施内容】

・頻度：2週間に1回
・実施場所：児童心理治療施設
・関係者及び LSW の進め方：
　実施者：施設心理士（セラピーは別の心理士が継続して担当）

担当ケアワーカー：本児のサポート

児童相談所 SW：継母との調整

主任ケアワーカー：本児の生活の様子の把握、担当ケアワーカーのフォローなど

・関係者間で LSW 進捗会議を月１回のペースで実施する。職員会議などで実施内容は逐次報告する。

以下、LSW の内容と保護者への支援を時系列に沿って併せて記載する。

回数	参加者	LSW の内容など
事前準備	実施者・SW・主任ケアワーカー・担当ケアワーカー・担当施設心理士	●LSW 開始に当たっての会議 これまで思っていた事実が違っていたことを知ることで、本児がショックを受けることは予想され、その際は物や人に当たったり、ケアワーカーへ反発したりすることも考えられる。その場合には、１人部屋などの落ち着いて過ごせるスペースを確保すること、また LSW 中は担当ケアワーカーと個別の時間を定期的に確保しておくことで、信頼できる大人との関係を強化しておくことを決めた。 セラピー担当の施設心理士の意見としては、今後 LSW が進むにつれ、心理療法では本児の感情のコントロールや母親との関係性がテーマになることが予想され、その部分に集中的に取り組んでいきたい、とのことであった。 現状の把握として、そもそも継母であることを母親は知らせたいと思っているかどうかを把握する必要がある、という意見が出た。 LSW については、比較的扱いやすい現在の本児と、施設入所後の思い出から扱うことから始め、徐々に過去に遡っていくことにした。
導入	実施者・担当ケアワーカー	●本児に LSW の説明 本児と実施者は顔見知りで、生活棟は違うが施設の業務として配膳や送迎などでかかわりあり。担当ケアワーカーと本児、実施者の３人で話をする。本児が施設に来て３年経過したことを確認し、担当ケアワーカーの助けを借りながら、施設の生活をまとめたアルバムを作ってみてはどうか、と提案する。施設に入所するまでの思い出や、家族のことなども盛り込んでもよい、ということも伝える。本児は担当ケアワーカーの顔色をうかがいながら、「やってみたい」と言った。

1～5	実施者	●本児自身に関するワーク 　自分の好きなものの紹介、誕生日の新聞を取り寄せて読む、生まれた体重を知り、実際の重さのウェイトベア（重さを変えられるぬいぐるみ）を本児に持たせるなど。「結構重いな」と言う。 　施設で撮った自分の写真を束で持っていることが判明。アルバムを用意し、現在の施設の生活から振り返り、貼り付けていく。本児はこの作業に熱中して取り組む。写真を見ながら、過去の担当ケアワーカーのこと、退所した児童のこと、施設内のイベントなどの思い出を話していた。
6～7	実施者	●感情のワーク 　感情カードを使って、「楽しい」「悲しい」「嬉しい」「びっくり」「怒る」などに当てはまる顔やエピソードを考えて遊ぶ。 　感情によい悪いはないこと、その気持ちを人に話すことはよいことを伝える。
	主任ケアワーカー・SW・継母	●継母との面接　（児童相談所にて実施） 　継母であることを伝えていないことについて、継母は「いつか伝えようとは思っているんですが……」と話す。SWから3組の親の概念を説明してもらう。SWより「お母さんがこれまで○○さんのことをお母さんなりに精一杯育ててもらったことはよくわかります。そのことは○○さんにも伝わると思いますよ」と伝えると、継母は涙を流して以下のように話す。 「今までそんなこと言ってくれる人はいなかったです。夫の暴力から逃げるのに必死で、全く余裕がなかった。なんで他人の子の面倒みているんだろうと思うことも正直ありました。でもこの子は他に誰も頼る人がいない。私ががんばらなきゃと思って今までやってきた。○○には申し訳ない気持ちもあるんです」 　SWと主任で、「この機会に『育ての親』であることを伝えてみては。私たちもお手伝いしますので……」と、勧める。
8～12	実施者・施設入所時の担当ケアワーカー	●入所後の思い出の整理、本児にかかわる人たちを振り返る作業。 　入所時の様子について、当時の担当ケアワーカーからビデオレターを撮ってもらい、そのときの本児の様子を話してもらう。「明るい子」「みんなを和ませてくれる子」「担当ケアワーカーと一緒にグループで冬にスキーに行ったことをよく覚えている」などのエピソードが出ており、本児は嬉しそうに見ていた。 　エコマップを作成し、かかわる人物をつないでいく。実施者・担当ケアワーカー・仲のよいケアワーカーなどが本児から挙がる。家族については、継母と妹を挙げている。家族で楽しかったエピソードをいくつか話す。いやだったこと、つらかったことなどなかったか実施者から尋ねるが、「特にない」という。しかし、表情は曇っている。

		この時期に、生活場面で担当ケアワーカーと外出した際に、車内で父母の離婚の話が出る。「お父さんがな、家でときどき暴れてた。それで離婚した。わたしと妹でお父さんがお母さん（継母）殴るのを止めたこともある」と話す。「大変だったね。怖かったね」と、担当ケアワーカーが返したとのこと。「お父さんのことは嫌い。暴力振るったから」とも話す。また、この時期の生活の様子として、昔の思い出を語ることが増えた。入所時の様子（そのときの食事のメニュー、対応したケアワーカーと話した内容）などを食事時に話すことがあった。担当ケアワーカーからは「少しわがままになったような印象がある」とのこと。
13～15	実施者・担当ケアワーカー・継母・SW	●真実告知、親族との交流 実施者・SW・担当ケアワーカー・継母同席のもと、本児に3組の親の概念を用いて、以下の内容を説明した。 「○○さんには、3組の親がいます。1人は生みの親で、○○さんを生んでくれた人。残念なことですが、生みの親は○○さんが2歳のときに病気で亡くなった。○○さんを育ててくれた○×（継母名）さんは、育ての親で、○○さんを8歳まで育ててくれた。その後、育ての親の○×さんが体調が悪くなり、うまく育てられなくなった。児童相談所のSWと話し合って、2人の生活のお世話をしてくれる施設を見つけた。施設に、2人がよく育つようにお願いした施設がその後育ての親になった。児童相談所は法律上の親になって、○○さんにとって、大切な決め事をする役割。これまでみんなが○○さんがどうしたらよく育つか考えて一生懸命やってきた」 継母から、「今までこのことを話さなくてごめんね。話した方がいいのかどうか、ずっと悩んでいた。でも、話した方がいいと思うようになり、SWや施設と相談して○○に言うことにした」と話す。継母や妹との交流は今後も続けていきたいと話される。直後に担当ケアワーカーがどうだったか尋ねると、「びっくりした」と話すのみだったとのこと。 その後、LSWの中で話の内容を振り返り、伝えたられた内容を正しく理解しているか確認する機会を設けた。この際も告知について「びっくりした」と話すだけであったが、継母に対して怒りなどは感じていないように見受けられた。 この告知から1カ月近く経過後、SWより連絡あり。実母の祖母と連絡が取れるかもしれない。会わせてみるのはどうだろうかとの打診があった。継母の許可を得た上で、この提案を本児にも伝え、どうしたいか聞く。しばらく迷っているようだが、会ってみたい、と話す。 ●実施者・担当ケアワーカー・SW同伴にて、児童相談所にて本児と母方祖母が面会。

13～15	実施者・担当ケアワーカー・継母・SW	祖母は本児の顔を見るなり「△△（実母の名前）の面影がある。こんなに大きくなって……」と涙する。本児と実母が写っている写真があると見せてくれる。笑顔で写っている実母が印象的。本児自身の出生時の写真などもあり、一旦借りる（後に施設内でコピーをとり祖母に返却。コピーは本児に渡した）。 実母についての情報を祖母が話す。 「実母は◇県で生まれ、小学生のときに今の居住地に引っ越した。実母は高校を中退後すぐに飲食店で働く。家は貧しく、働いて得たお金を入れてくれていた。友人の紹介で実父と出会い19歳で結婚する。23歳で本児を出産する。24歳に若年性の癌が発見されるがすでに進行しており、25歳で他界した」 本児に実母のことを覚えているかどうか実施者が尋ねるが、「少しあるかもしれないけど、わからない」と話す。祖母からも今後できる範囲内で本児と交流したいと思っていること伝えられる。この帰りの車中で、本児はぽつっと「わたし、お母さんが２人いたんだ。生みの親と、育ての親」と話す。担当ケアワーカーから、「びっくりして、いろいろな気持ちになっているかもしれないけど、みんな○○さんがよく育つように一生懸命考えてくれていたと思うよ」と伝える。本児は車中で赤ちゃんのときの自分と実母が写った写真をじっと見ていた。
17～20	実施者	●一旦の終結 これまでに集まった写真をあつめ、時系列に沿ってオリジナルブックを作り上げていった。ページの最初には、祖母からもらった赤ちゃんのときの本児の写真などを貼りつける。生まれたときの体重や、生まれた病院の情報なども書き込んだ。 生まれてから現在までの写真がつながったこともあり、一旦LSWは終結することになった。実施者より、また本児が家族のことなどを知りたいと思ったら言ってほしい、と伝える。また、この時期に、本児がセラピーにおいて継母と実母について話すことがあったという。その際、継母のことを「育ての親」、実母のことを「生みの親」と呼び、「わたしには２人お母さんがいるんだよ」と話したとのこと。

【考察】

・LSWによって、本児が重要な存在である、「生みの母親」と「育ての母親」について知ることを通じて、これまで本児の身の上に起きたことを整理し、本児の人間関係及び時間的なつながりをあらためて理解することができたと考えらえる。

・施設内の職員がLSWを行う場合、日ごろからの子どもとのかかわりがあるため、何気ない子どもからのニーズをキャッチしやすいという利点がある。本事例では、担当ケアワーカーからの要望が実施のきっかけとなったが、これも本児に日ごろから接する中で、本児と妹との関係、継母への想いを細かく把握していたために、LSW を実施したいという要望につながったと思われる。また、ケアワーカーは、児童相談所の SW に比べて比較的長期的なスパンで子どもにかかわることが多く、子どもの将来を見通した上で、LSW 実施へのニーズをもつことも可能な点も利点である。施設内の関係者間の協議も頻繁に行えたため、適宜生活の状況もモニターしながら伝える情報を検討でき、大きな問題行動もなく実施できた。ただし、ケアワーカーが主体となって LSW を行う場合でも、過去に関する情報は児童相談所が管理しており、これらの情報を子どもに伝える際には、児童相談所への相談と承諾を得る必要がある。そのために定期的な連絡会を児童相談所と実施し、実施した内容は書面にしておくことが求められる。

・児童相談所や親族への LSW 実施の説明においては、やみくもに過去を明らかにしようとするものではなく、あくまでも子どもが重要な事実を受け入れつつ、前向きに人生を生きていけるようになるために、これまでの過去の情報が必要であることを説明することで、協力が得られやすかった。

・本事例の限界として、今回の LSW では本児の実父については十分に扱うことができなかった点が挙げられる。本児は継母への暴力を目撃するという被虐待体験を受けており、これらの体験がトラウマ性記憶になっている可能性もある。実父との関係については、今後丁寧なアセスメントを実施した上で、トラウマに焦点を当てたセラピーを検討する必要があるかもしれない。

ケース4　児童自立支援施設の事例
—過去の施設入所の理由についての認識を訂正した事例—

【ケース概要】

中学２年の男子。６人きょうだいの末子。LSW 実施時、他のきょうだいは自宅で生活しており、主な養育者は母親。

本児１歳時に両親が離婚。父親が本児らきょうだい全員を引き取る。しかし、すぐに養育困難に陥り、本児２歳のときにきょうだい全員が児童養護施設に入所した。本児５歳時に、本児らが児童養護施設に入所していることを初めて知った母親が、本児らきょうだいを引き取った。本児８歳時に母親がうつ病を発症し、以前生活していた児童養護施設に再入所となった。

きょうだいの中で本児のみに非行行為（不登校、深夜徘徊、万引き、自転車盗など）があり、中学１年生時に施設不適応と判断され保護者同意による児童自立支援施設入所となった。

LSW の実施は、本児が児童自立支援施設に入所後６カ月経過したころから開始し、退所までの８カ月間行った。子どもとの LSW では、子どもの疑問や生育歴上のあいまいな部分については児童相談所SWが詳しく調査して答えた。ケアワーカーは子どもの希望により、本児が安心感をもてるように同席し、LSW前後のサポートをした。保護者や過去の入所施設への連絡はSWが行った。

【LSW開始時、ジェノグラム】

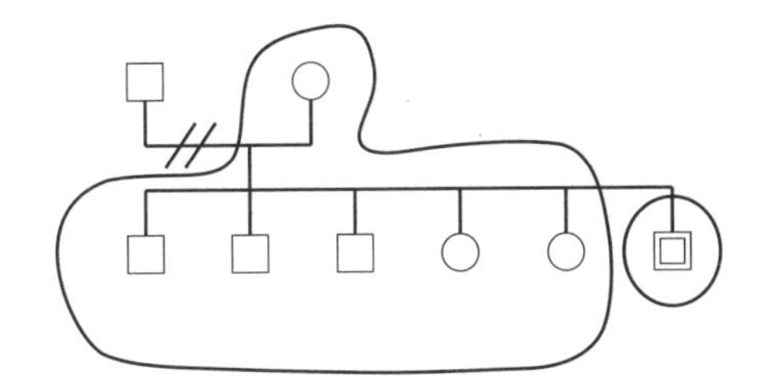

【開始のきっかけ】

・本児から、2歳のときに児童養護施設に入所したことについて、「寝ている間に置いていかれた」「2歳のときに親に捨てられたようなもんだ」「きょうだいがたくさんいるし、俺は生まれてこなくてもよかったと親は思っているはずだ」という発言が聞かれた。
・母親は、本児が5歳ごろまで児童養護施設に入所していることを知らなかったことが判明したが、本児は母親が知らなかったことを知らず、母親に対して恨んでいるという発言が多く聞かれた。
・LSWの開始直前の3カ月間程は、ケアワーカーは、日々の生活の中で随所に表れてくる本児の気持ちを聞くことに徹した。特に、これまでの生育歴の中でどのようなことに対して疑問があるか、わだかまりをもっているかを丁寧に聞いた。食器を洗っているときや寝る前のふとした時間に、本児からぼそぼそと話をしてくることが多かった。
・そこで、生育歴に関することは、ケアワーカーだけではすぐに応えられないため、「一緒に児童相談所のSWに聞いてみよう」と提案をした。最初は「今さら別に聞かなくてもいい」「恥ずかしい」と乗り気ではなかったが、ケアワーカーが「疑問は今のうちに解決しておいた方がいいのではないか」「(ケアワーカーが) 一緒に聞いてあげるよ」と適宜提案をしているうちに本児も乗り気になっていった。

【目標】

・母親は本児らが児童養護施設に入所していたことは知らなかったことや、知ってからはすぐに引き取ったことなど、新たに明らかになった事実(情報)を本児に伝える。
・本児が生まれたときの状況を本児に伝え、本児の誕生を喜んだことを伝える。
・1年後の本児の家庭復帰に向けて、母子関係の調整(修復)を行う。

【実施内容】

・頻度：月に１～２回

・実施場所：児童自立支援施設

・実施者：施設ケアワーカー

・準備したもの：アルバム、シール、ペン、キャラクターのメモ帳や便箋を購入。母親に幼少時の写真を依頼したところ、児童養護施設退所時（5歳の引き取り時）に母親が受け取った写真が5枚あった。

・LSWの開始に当たり、実施者が母親と3回面接を実施した。以下、時系列に沿って記載した。

回数	参加者	LSW の内容など
	実施者・SW	●母親と面接 ケアワーカーとSWから、母親にLSWの実施について合意を取る。具体的には、本児はアルバムを持っていないので、「アルバムづくり」をしたいと本児が言っていることを説明し、写真を貸してほしいと依頼した。母親は、「本児が希望するなら」とすぐに同意してくれた。
	実施者・SW	●母親と面接。子どもの生育歴や幼少期のエピソードの聞き取り 母親は本児１歳から５歳までのことはまったく知らない。５歳から児童養護施設に再入所するまでの間の家庭での本児の様子を主に聞き取った。 他のきょうだいのエピソードと混合して本児の認識とは合致しないことも多かったが、ある程度の情報を得ることができた。
	実施者・SW	●母親と面接 本児が出生時の状況や父のことを知りたいと思っていることを伝え、詳細に説明できる母親から話をしてほしいと依頼した。母親は、最初戸惑っていたが、ケアワーカーやSWが同席しサポートすること、本児が成長していく上で必要な過程だと説明すると最終的には協力してくれることになった。
1	実施者	● LSW の説明と導入 改めて、本児にこれまでの「生育歴のおさらい」を目的とした「アルバム」づくりに取り組む気持ちがあるか確認。すでにケアワーカーと話を重ねていたため、本児も素直に「やりたい」と返事をした。
2～4	実施者	●児童自立支援施設の経緯を整理 児童自立支援施設に入所するまでの生活を振り返るところから始める。 本児は入所理由をしっかり理解しており、「あのときは施設のルールが納得できず、家に外泊もできなくて荒れていたから施設の先生の言うことを聞かなくて迷惑をかけた」「今は反省している。ここ（児童自立支援施設）で成長して、退所後は児童養護施設に戻りたい」と述べる。 また、前施設に戻って生活するという希望がかなわなくても施設を訪問して、担当していたケアワーカーや施設で共に暮らしていた友人（数名の名前を挙げる）と会って自分が頑張っていることを伝えたいと言う。 現在の施設で撮影した数多くの写真の中から本児が選んだ写真をアルバムに貼り、行事の時期や説明、そのときの気持ちや感想を書き込んでいった。児童自立支援施設で変わることができたのは、「ここではみんなが頑張ってるし、自分も頑張ると楽しいことが分かったから」「これまでにない良い生活ができている」と書き込んでいた。 児童自立支援施設に入所してから現在までの心身の成長を本児から饒舌に語り、それをSWに認めてもらうよい機会になった。

		SW から児童養護施設に連絡を取ったが、本児が退所した際には生活が乱れていたことから他児にも迷惑をかけた経緯を考慮して、ケアワーカーや友人との面会については、今は難しいとの回答を得た。本児にもそれを伝えた。
5～9	実施者	●幼少期から現在までのアルバム作成 当初は現在の自分から出生時までさかのぼってアルバムを作成する予定だったが、「早く自分の赤ちゃんのときの写真が見たい」という本児の希望が強く、LSW に取り組む強い動機になっていたので、現在の生活の整理が終わったセッション５以降は、幼少時から現在に向かってアルバムを作成した。 幼少時の写真（5 枚）に加えて、母親から聞き取った出生時の体重や身長などの情報を書き込んだ。次に、2 歳時の児童養護施設入所についての説明に 3 セッションを費やした。本児としては「自分が寝ている間に父が施設に捨てていった」と思っており、母親もそれを知っていたと理解していた。しかし、当時両親はすでに離婚・別居しており、母親は本児の施設入所自体を知らなかった。また、父親は長距離トラックの運転手で 2 歳の子どもを育てることは難しい状況だったことを伝えた。 本児は、同じ年ごろのケアワーカーの実子と暮らしていることから、「たしかに 2 歳の子どもは手がかかりますよね。まだトイレにもちゃんと行けないし、ほっといたら死んじゃいますよね。ごはんも自分じゃ食べられないし」などと、当時の父親の置かれた状況に想像を巡らせていた。 本児が最も驚いたのは、母親が自分の児童養護施設入所を知らなったということである。「なぜもっと早く教えてくれなかったのか」「母を恨むのは間違っていたんですね」「これまでいろいろ母親に暴言を言ってしまいました」などと言い、困惑の表情を浮かべていた。 これまで児童養護施設に入所した経緯や父親について母親に直接訊ねたことはないという。理由は、「聞いてもむかつくだけだから」と言うが、実は聞いてみたいという。そこでケアワーカーから「自分たちが同席するので、母親に直接聞いてみたら？」と提案すると、本児は照れながらも「自分 1 人では聞けないけど、面会のときなら聞いてみたい」というので、近いうちにその場を設定することを約束した。
10	実施者	●まとめ 完成したアルバムを見ながら、現在の施設での生活と数カ月後に迫った退所後の生活（未来）について話をする。 これまでの生活が荒れていた背景には、母親に対する恨みがあり、その結果、自暴自棄な考えや非行行為をしていたことを改めて話し合った。

		これを機に、退所後は「自分が疑問に思うことは周りの大人や家族に聞きながら自分だけで溜めこまずに解決する方が得だ」と言い、次回以降の母親が参加するセッションでもしっかり話をしてみたいと述べていた。 本児から「アルバムの空きページには退所後の写真を入れてもいいですか？」との質問があったので、自分の好きなように使っていいことを伝えた。 最後に、次回以降のセッションは母同席のもと行うことを伝えた。
11	実施者・母親	●母子合同セッション。母親から本児の出生時の状況を説明する 母親は本児の前に何度か帝王切開で出産しており、本児も帝王切開になると予想はしていたが、未受診だった。そのため、妊娠9カ月目の仕事中に突然腹部から出血し、緊急搬送され出産した。本当に命がけで本児を出産後は「もうこれ以上子どもを産むことは難しい」と医師に告げられたと言っていた。本児はこれまでになく真剣な面持ちで母親の話に聞き入っており、「そんな思いをしてまで自分を生んでくれたんだ」と、感想を述べていた。
12	実施者・母親	●母子合同セッション。まとめとこれからの生活について 最後セッションでは、この8カ月間行ってきたLSWについて、皆でアルバムを見ながら生育歴を大まかにおさらいした。 これまでのセッションで本児はすでに理解しているとおり、児童養護施設に入所したことを母親は当初知らなかったことや、母親も父親とは10年近く音信不通だということを説明した。さらに、本児が父親について聞きたがったので、結婚していた当時はトラックの運転手だったことや芸能人の誰に似ていたかということも、母親から話した。その上で、本児が望んでも今すぐに父親に会うことは難しいと言われ、本児も納得していた。 最後に、母親から、「退所してからは家族全員で力を合わせて生活していこう」「経済的にもみんなで力を合わせればどうにかなるから」と言われ、本児は「うん。頑張ろう」と返答していた。 セッション後、本児は「もっと早く母から話を聞いていれば自分はぐれなかったかもしれない」と言い、児童自立支援施設への入所は自分を成長させる機会とはなったが、これからは家族から離れることなく生活していきたいという思いを述べていた。

【考察】

本事例におけるLSWの効果として挙げられるのは、

①幼少時の児童養護施設入所の経緯を知り、母親への恨みが解消されたこと

②出生時の状況を知ることで自分の誕生について肯定的に捉えられるようになったこと

の2点である。

これらはこれまで本児が家庭で暮らしていた時期に家庭内で話題になっても何ら不思議ではない。しかし、本児が葛藤を抱えており、母親はそれに気づかないまま歳月を重ねてきてしまったのだろう。そこにケアワーカーとSWという第三者が介入し、LSWという手法を用いてそれぞれの認識やニーズ、想いなどを聞き取り、橋渡しすることが有効にはたらいたのではないだろうか。

さらに本事例は児童自立支援施設という非常に制限された空間で行われており、夫婦小舎制のケアワークのもと行われている。LSW開始前の段階で本児が自分の心情を吐露しやすい環境が作りだしやすく、ケアワーカーが本児のニーズを把握しやすかった。また、セッション後に本児が何度も幼少時の話をしたがるなど、新たな情報を自分の中に落とし込む過程で同一職員が生活場面で対応できたことが、安全にLSWを行う上では重要だったと言える。

本事例の心残りは、前施設への訪問や父親との再会など本児が希望していたことが実現できず、退所後に引き続きLSWを行うことができなかったことである。今後は、退所後であっても子どもの成長やニーズの変化に応じて、アフターケアの一貫としてLSWを継続していけるような体制が整備されることが望ましい。

（大森啓代・益田啓裕・徳永祥子）

コラム

生い立ちや気持ちの整理をしてくれる（信頼できる）大人と話す時間がほしかった

あらい　ちえ

私はライフストーリーワークを実践していない施設経験者です。もしライフストーリーワークを経験していたら、もう少し生きやすくなったのでは、という思いから書かせていただきます。

1983年生まれで、定員数50名の大舎制の児童養護施設に5歳から14歳まで、2歳年下の弟と暮らしていました。この当時、親権は父親がもっていて、「母親が私たちを捨てた」と思いこんで育っていました。父親も初めは施設にちょこっと来てくれはしたものの、数年後にはそのままどこかへ蒸発してしまいました。

施設への入所理由は具体的に知りませんでした。そのため、幼いながらに良いように自己解釈していまいた。たとえば「実は、お金持ちのえらい人が私たちを守るために一時的に施設に預けていて、いつか迎えに来てくれる」とか「実は、施設の先生が両親で、大っぴらにできないので、こうやって施設で生活している」など、なぜか良いように自己解釈していました。

かと思えば、週末や長期休暇などで親が迎えに来てくれる子どもを横目に「ああ、私が悪い子だから来てくれない」とも思っていました。入所理由を具体的に知らないのは、周りの子どもたちも理由について聞かないし、子どもながらに聞いちゃダメなのかなという思いや、まずそんなことを職員に対して「聞く」という発想もありませんでした。また、そんなことを考えるより、1日いちにちをこの集団生活の施設というサバイバルの中でどう乗り切るかで精一杯でした。

退所するきっかけは、10歳のときに子どもの権利条約の批准により、初めて「ワーカー」という人が1人来ました。そのワーカーさんは私と同学年の男女を一室に集め、「ここで話した内容は（施設の）先生にも誰にも話さないから、みんなが悩んでいることや困ったことなどなんでも話してほしい」と言われました。ですが、そんなことを初めて会った大人から言われても信用していないし、ほかの子どもが施設職員にちくったら怒られると思ったので、本当は聴いてほしい子どもの声も話すことができませんでした。

そんな中、冷やかし半分で幼馴染が「(私)を捨てた母親を見つけたら、(私)の代わりに殴ったるわ」と言った一言をワーカーさんが信じ、4年後の14歳の秋に「母親が見つかった」と言ってきました。「初めまして」から、数回会った数カ月後には家庭復帰してしまったので、母親との関係性も一切築けておらず、当然家庭の空気は悪く、私も弟もとてもしんどかったという記憶があります。

何より私は「父親を裏切ってしまった」という思いがなぜか強くあり、「母親が捨てたのになぜ戻らないといけないのか」と思いこんでいました。ですが、家庭復帰をきっかけに母親の身内から本当のことを教えられました。実は父親がひどいDVだったこと、父親に権力があったため、母親は私たちのために泣く泣く子どもを手放したこと、母親は私たちが施設で生活していることを知らなかったこと、父親は離婚の際にした約束(施設に入れず、家庭で暮らす)ことを守っていなかったこと、などを聞きました。今まで信じていたことがすべて覆されたこのことが一番しんどかったです。このことがあったから、母親との再会も家庭復帰も素直に喜べず、父を裏切ってしまったと思いこみ、自分を責めてしまい、母親には冷たくあたっていました。

振り返って思うのは「なぜ私たちはここ(施設)で生活しているのか」ということについて、本当のことを知り、生い立ちや気持ちの整理をしてくれる、信頼できる大人に話す時間がほしかったです。私はそれ(生い立ちの整理)ができていなかったために、大きくなってから爆発してしまいました。自分では気持ちの収拾がつかなくなって、しんどい日々が何年も続きました。子どもの爆発とは違い、厄介だったと思います。母親の当時の心境を考えるとひどいことをしたと申し訳ない気持ちがあります。今は気持ちが整理され、ようやく自分自身の外と中身が一致するまでになりましたが、そうなるまでにたくさんの人に支えられてきました。

私自身の経験からですが、施設で生活している子どもが「どうして私は今ここで生活しているのか」ということを、信頼できる大人と一緒に時間をかけてじっくり整理できれば、私のように誤解をしたまま成長してしまい、軌道修正するのに子どもの何倍も時間がかかってしまうことがないのではと思います。実践する時期や内容も子ども1人ひとり違うと思いますが、生い立ちを整理するということは、特に施設で生活する子どもたちにとってはとっても大切だと思いました。

これから「子どもたちにとって良いライフストーリーワーク」が広まっていくことを願っています。

第4章
トレーニング

第1節　トレーニングの必要性

1. はじめに

本章では、LSW 実施者のトレーニングのためのワークを集めた。実際のワークにも活用できる。実際の LSW の場面においては、子どもがどのように感じながら LSW に取り組んでいるのか、それぞれのワークが子どもにフィットしているのかを常に考え、理解しながら進めていく必要がある。この章ではその手助けになるように、実施者が子どもと同じワークを体験し、子どもの気持ちや感覚を実感できるよう工夫した。

トレーニングにより、LSW がどのようなものなのかを具体的に練習し体験することで、実施の際に配慮すべきことや工夫すべきことに気づくことができる。また、自分たち独自の LSW のメニューを組み立てる際にも役立つであろう。子どもに合わせてアレンジすることもできる。

2. LSW をする上で押さえておくこと

以下の２つは LSW 開始前に準備しておかなければならない。

・全体の骨子や流れ（準備段階から終わり方までの構成、マネジメント）。
・子どもとの具体的なかかわり方（支援者側の役割分担、ワークのメニュー、バリエーション、工夫）。

更にLSWをする上で重要なことは以下の２つである。

・子どもと保護者の人生を扱うことの重みを知り、支援者側の姿勢や価値観を自覚する
……結婚や離婚、出産、子育て、疾病、経済状況など、家族の生活歴を辿りながら、保護者の生き方、家族のありよう、親子関係などに触れることになる。それらにどのような立ち位置で向き合い、理解するのか、支援者側の価値観や姿勢が問われる。
自己覚知（＝自己の価値観と向き合い自己を知ること、自己と他者の価値観が異なることを自覚すること、またその過程）は重要である。支援者側と支援を受ける側で価値観が異なることを理解し、異なる価値観を批判したり排除したりしない。また支援者側の価値観がバラバラでは、LSWは実施困難である。支援者側がそれぞれ自己の価値観を自覚し、チームとしての価値観を共有することは、知識や技術を学ぶことよりも高度で重要なことである。
・子どもの気持ちに光を当てること
……LSWの中で表れる、子どものさまざまな思い（不安や抵抗、怒り、思慕など）を汲み取る。

以上の点を押さえておくこと、重要なことを準備できるよう、トレーニング・メニューを考えた。

3. トレーニングのためのワークの構成

ワークは以下の項目で構成している。

第２節　自己覚知：実施者自身の価値観、感覚に自覚的になるためのワーク（自分のジェノグラムを作る。あるストーリーから登場人物の生き方を考えるなど）。
第3節　マネジメント：LSW実施に向けて必要な取り組み（計画案の作成など）の体験。
第４節　子どもの状態の見立て：LSW実施中の子どもの状態（情緒面、人との関係の取り方など）の見立て方。
第５節　子どもとの関係づくり：安心な関係性の中でLSWを展開できるようにするための関係づくりの方法（自分の感情を表現するなど）。
第６節　情報の整理と内面化：これまでの生活経験や記憶、ワークをする中で得た情報な

どを子どもと整理し、意味づけをサポート（年表づくりなど）。

4. ワークの活用方法

各節の初めに、その節で考えるべき理念や考え方をまとめている。ワークは１人だけでできるものもあるが、それぞれのワークを、実施者役、子ども役となり、相互にやってみてほしい。ワークの難しさや意味などが共有できたり、人によって異なる感覚をもつことを理解できるかもしれない。

ワークはそれぞれシート形式にしてあるので、自分の取り組み方、進めるイメージで各節必要と思われるものをピックアップして全体を見通すこともできる。また、各シートの最後に子どもに実施する場合の留意点なども盛り込んでいる場合もあり、実際のワークに活かすことができる。

（才村眞理）

第２節　自己覚知

子どもとのLSWに入る前に、自分自身の家族や過去について思い出すことや語ることがどのような体験となるのかを実施者自身が知っておくことは、子どもの気持ちを理解するために大切である。また実施者自身の価値観、考え方が、子どものライフストーリーの理解に影響を与えることを自覚し、自分自身のありように気づいておくことも、子ども自身のストーリーを実施者の価値観で色付けしないために重要である。

「自己覚知」を促す以下のワーク①～⑥は、ワークを行う者の感情や価値観・認知に触れるので、ワークを行う者同士の関係性や、研修の設定に留意して「安全」に実施してほしい。

自己覚知　ワーク①「自分のジェノグラムを作る」

目的	・自分自身の育ちを振り返り、家族と自分との関係性に目を向ける。 ・家族の中で引き継がれているものやパターンに気づく。 ・作業の中で起こる自分の内面の動きを知る（どんな感情が湧き起こってくるのか）ことで、子どもの立場を体感する。
準備するもの	画用紙または白紙、筆記具。
方法	○１人だけで作業する。 ・自分自身の３世代にわたるジェノグラム（家系図）を作成する。 ・自分か自分のきょうだいに子どもがいれば、自分を真ん中の世代にし、子どもがいなければ、自分を３番目の世代に設定する。 ○作業の中で以下のことを考える。 ・不足している情報を集めるにはどのような方法があるか。 （例）親に聞く、戸籍をたどるなど……。 ・自分が生まれる前の親の生活はどのようなものだったか。 ・それぞれの人から連想されることはどのようなものか。 （例）その人の活動・仕事、その人と一緒にいたときの出来事、その人とかかわったときに感じた気持ちなど……。
その他	エコマップ（P.53～54参照）の作成も、自分の対人関係を知るのに役立つ。

自己覚知　ワーク②「自分の年表を作る」

目的	自分自身の過去の思い出について語ることにより、過去を扱うことの意味を理解する。また、他者の過去を聴く体験をすることにより、他者の思い出を扱うことが自身にどのような感情を引き起こすかなどの自己覚知を促す。
準備するもの	画用紙または白紙、筆記具（クレヨンまたは色ペンなど）。
方法	◯2人1組で実施する。（全45分程度） 1. それぞれ自分自身の年表を作成する。（15分） ＊P.120「年表の例」を参照 2. 年表ができたら、2人1組になり、話し手、聞き手を決める。 3. 話し手が自分の年表を見せる。聞き手が年表に書き込まれた絵や文字を指して、「これはどんな体験だったのですか？」とできごとの内容を尋ね、話し手が答える。聞き手は「そのとき、どんな気持ちでしたか？」と、そのときの感情を尋ね、話し手が答える。 4. このように、聞き手は話し手に、年表に書かれている2～3の事柄について、事実（できごとの内容）とそのときの感情を交互に聴く。（10分） 5. 話し手と聞き手の役割を交代し、同様に行う。（10分） 6. まとめとして、ワークをした感想をお互いに話し合う。（10分）
その他	・このワークは、お互いにある程度の信頼関係がある状態で実施する。実施者になろうとする人たちのグループなど、子どもに接する立場の人が行うと有効である。 ・感情のコントロールが困難になる場合があるので、一般向けの公開講座などで実施するには不向きである。 ・年表に盛り込む内容に制限はないが、時間の制約もあるので、扱う過去のエピソードは3つ程度に限定する方がいいだろう。

【年表の例】

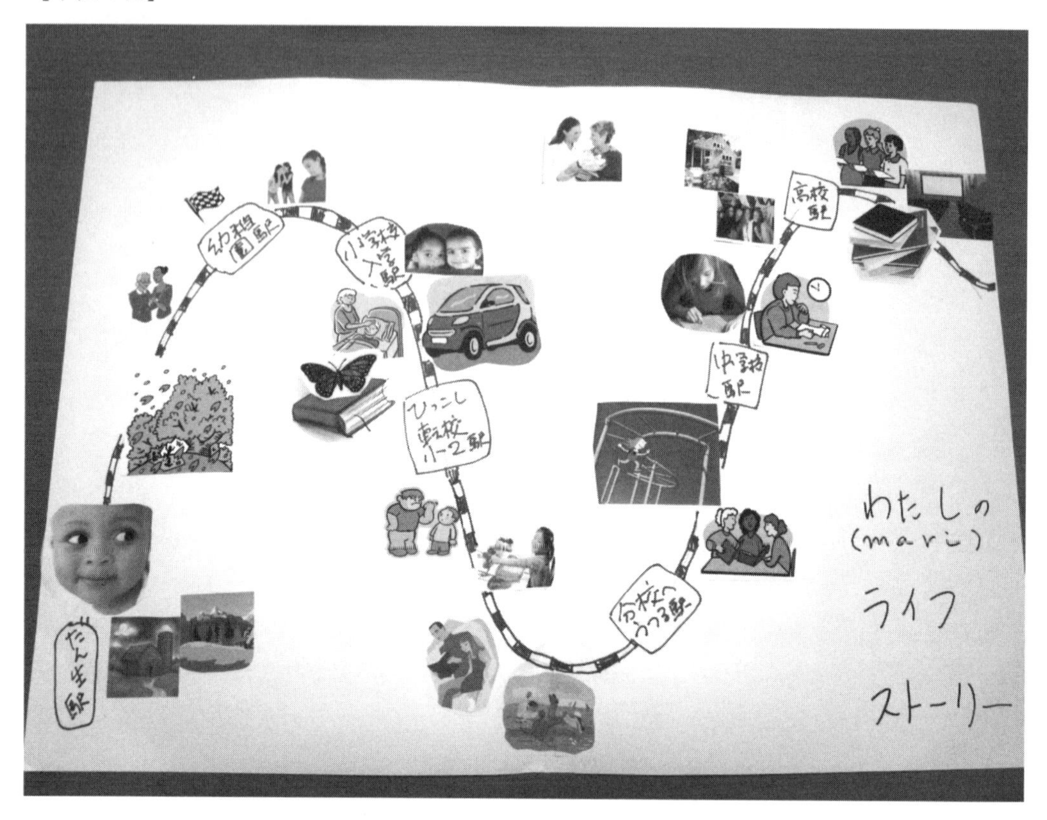

上記は、誕生から高校生までの年表の例である。絵は、雑誌の切り抜きを貼り付けたものである。

「たん生駅」について聞かれると、「生まれたところは、田舎で山が周りにあり、空気のきれいなところだったよ」「バイオリニストの名前にちなんで名付けたと聞いて、嬉しかったよ」など答える。

また、「桜の絵」について聞かれ、「春には川の両側に桜並木が続いていて、毎年家族でお花見に行ったよ」「家にはおばあちゃんと母がいつもいて、母はおばあちゃんがいることを、窮屈に思っていたと思うよ」など、出来事やそのときの感情について答えていく。

※このワークはイギリスのリーズ（Leeds）市を2013年9月3日に徳永祥子・才村眞理が訪問した際に、市のソーシャルワーカーであるケイト・レンチ（Katie Wrench）、レズリー・ネイラー（Lesley Naylor）にインタビューした内容を参考に、考案した。

自己覚知　ワーク③　「おゆきの物語」

目的	情報が少ないと、想像や推測で価値判断をしがちになる。そうした自分自身のものの見方（価値観）が、物語や人物の理解に影響を与えることを自覚すると共に、人によって見方や価値観が異なるということに気づく。
準備するもの	【おゆきの物語】（P122）、考えたことを記録するシート、筆記具（各自）、追加情報（「その他」に記載）。
方法	○6～8人くらいのグループで実施する。（全60分程度） 1.【おゆきの物語】を各自読む。 物語を読んで、「おゆき」「清太郎」「喜助」「母親」「友次郎」という5人の登場人物の言動について、良くないと思う方から順序をつけ、誰がいちばん良くない行動をしたと思うかを各自で決め、書き留めておく。（10分） 2. グループ内で、どうしてその順番になったのかを話し合う。（15分） 3. 次に、追加情報カードをメンバーの1人が読む。 4. 追加情報を聞いて、誰がいちばん良くないと思うかを各自で考えて順序をつける。順序を変える場合は、なぜ変えるのかその理由も書き留める。（3、4で10分） 5. 順序が変わったかどうか、なぜ変わったのか、あるいはなぜ変えなかったのかを話し合う。（10分） 6. 情報のあるなしが、自分の価値判断にどの程度影響したかを、グループで話し合う。（15分）
その他	○追加情報の内容 ・おゆきは、それまでに3回の離婚歴があった。 ・おゆきの母親は、喜助が流行り病にかかっていることを知っていた。 ・清太郎には、2人の婚外子がいた。 ・友次郎は、かつて暴行傷害事件で島流しになり、江戸に戻ってきたばかりだった。 ○このワークは、異なった世代、性別のメンバーで構成するグループで行う方が、多様な意見が出て、議論が盛り上がる。

【おゆきの物語】

あるところに、「おゆき」という名の娘がおりました。おゆきは、川向こうの村の「清太郎」と恋に落ちてしまいました。おゆきは清太郎が恋しくて、毎日、村でたった1つの橋を渡って、清太郎に会いに行きました。

ある日のこと、梅雨の大雨で川が氾濫し、とうとう、その村にあるたった1つの橋が流されてしまいました。橋が再建されるには、何カ月もかかります。清太郎に会いたい一心のおゆきは、近くに住む、船頭の「喜助」に、船に乗せてくれと頼みました。大雨の後で、船も流されて、船着き場も壊れていましたが、「お前を抱かせてくれるなら、何とかしてやってもいいぞ」と、喜助は言いました。

おゆきは困りました。川幅は広く、とても泳いでは渡れません。だからといって、喜助に抱かれたくもありません。困ったおゆきは、「母親」に相談しました。すると母親は、「おゆき、こういうときに、自分でしっかりと判断できるように、お前を育てたつもりだよ。おっかさんは、お前に、どうしたらいいとか、どうしたらいけないとかって言うつもりはないよ」と、答えました。

おゆきは、どうしても清太郎に会いたくて、とうとう、喜助の言うことに従ってしまいました。

喜助の船で川を渡り、やっとの思いで清太郎に会ったとたん、おゆきは罪の意識でいたたまれなくなりました。清太郎に抱きしめられながら、おゆきは、「清太郎さん、ごめんなさい」と、事の次第を打ち明けました。それを聞いた清太郎は、ひどく腹を立てて、おゆきを突きとばし、家から放り出してしまいました。

おゆきは、もうどうしていいかわからずに泣き崩れ、途方にくれました。そのとき、ふと、その近くに、昔同じ村にいた「友次郎」の家があることを思い出しました。とりあえず、その日泊めてもらおうと、おゆきは友次郎の家に向かいました。

友次郎は、おゆきから話を聞いて、清太郎がそのような仕打ちをしたことに、ひどく腹を立てました。友次郎は、清太郎の家に怒鳴りこみ、清太郎を立ち上がれないくらい殴りつけました。

清太郎の家から戻った友次郎は、おゆきに、「ずっと前から好きだった。おれと夫婦になってくれ」と頼みました。おゆきは、それを受け入れました。

自己覚知　ワーク④「置き去りの物語」

目的	情報が少ないと、想像や推測で価値判断をしがちになる。そうした自分自身のものの見方を自覚する。
準備するもの	・情報カード①（「その他」に記載） ・追加情報カード②～⑥（「その他」に記載）
方法	○6～8人くらいのグループで実施する。（全45分程度） 1. 情報カード①を提示し、母親の行為についてどう思うかをグループで話し合う。（10分） 2. 追加情報カード②を提示し、その情報を含めて、母親の行為についてどう思うかをグループで話し合う。その後も同様に③から⑥まで1つずつ情報を追加し、情報が増えるごとに、母親の行為をどう思うか、考えが変わったかどうかを話し合う。（カードごとに5分、計25分） 3. 最後に、このワークをして感じたことを、グループで話し合う。（10分）
その他	○情報カード ①母親が、1歳の子どもを置いて家を出た。 ○追加情報カード ②母親には、前夫との間に3人の子どもがいたが、みんな施設で暮らしている。 ③母親は38歳、この子どもの父親は28歳だった。 ④父親から母親への暴力があった。 ⑤母親は、父親と暮らしながらも、別の男性Aとも性関係をもっていた。 ⑥この母親は性虐待を受けて育ち、男性Aとの性行為も同意のないものだった。

自己覚知　ワーク⑤「失われた自分」

目的	アイデンティティの一部が失われる感覚を体験する。
準備するもの	ポストイット（5センチ角以上のものを1人3枚ずつ）、筆記具。
方法	○2人1組で実施する。（全35分程度） 1. 各自、自分が大切にしているもの、自分自身を表していると思うものを、絵や文字でポストイット1枚に1つずつ、3枚書き込む。（5分） 2. 3枚のポストイットを並べて机に貼り、相手に提示しながらそれがどういうもの（こと）で、自分にとってどのような意味があるのかを説明をする。お互いの話を共感的に聞く。（10分） 3. 話し終わったら、相手の並べたポストイットから1枚を剝がして隠す。その際に、相手と相談しないこと。取り去られたときに、どのように感じたかをお互いに話し合う。さらに、もう1枚取り、どのように感じたかを話し合う。（10分） 4. 剝がしたポストイットを元に戻し、どのように感じたかを話し合う。（10分）
その他	・自分自身のことや、お気に入りの活動などについて、しっかり話し、共感をしてもらうことが大切。 ・自分を形作っているものの一部を失う体験はどのようなものかを体験する。また、社会的養護の子どもたちが、住んでいた家から分離され、自分が大切にしていたものを奪われる状態となっていることを理解する。そして、奪われたアイデンティティの修復に、LSWが有効であることを説明する。

自己覚知　ワーク⑥「3つの親」

目的	親には、「生みの親」「法律上の親」「養育する親」という3つの役割があることを知る。「生みの親」がすべての役割を果たさなければいけないという考えにとらわれず、その他の親の役割について考え、児童相談所や施設・里親が協力して子どもを育てることの意義について理解を深める。また、ルーツとしての「生みの親」の役割についても、理解を深める。 ※方法1は基礎編、方法2は基礎を踏まえて、親のことを中立的に見るための応用編である
準備するもの	○方法1：模造紙1枚、ポストイット（1人10枚ずつ）、筆記具、模擬事例。 ○方法2：模造紙2枚、筆記具、模擬事例。 ※模擬事例は、出席者の考案した事例でもよいし、〔模擬事例：Aさん〕（P128～130）でもよい。
方法1	○5～6人くらいのグループで実施する。（全50分程度） 1. 親の役割について、各自が考え付くことをポストイットに具体的に書き、1枚の模造紙にランダムに貼っておく。 （例）食事を与える、安心して眠れる環境を作る、相談にのる、など。（10分） 2. 3つの親「生みの親」「法律上の親」「養育する親」の役割について確認する（次ページ欄外の＊参照）。（10分） 3. 模擬事例の子どもにとって、1でポストイットに書いた親の役割を誰が担うのか話し合う。（10分） 4. それぞれの出した親の役割（ポストイット）を、模造紙上で3つの親に分類する。（5分） 生みの親 法律上の親　養育する親 5. それぞれが感じたことをグループで話し合う。（15分）

方法2	○5～6人くらいのグループで実施する。(全40分程度) 1. 3つの親「生みの親」「法律上の親」「養育する親」の役割について確認する。(欄外の＊参照)(10分) 2. 模擬事例を用いて、その子どもにとっての3つの親を確認し、その役割について話し合い、模造紙に書き入れる。(15分) ※生みの親についての情報の提示を2段階に分けて提示する方法もある。 [段階1]：虐待や育児放棄など、ネガティブな情報を提示する。 [段階2]：その後、下記のような追加情報を提示する。 (例) 精神疾患、子どものころの不登校、生活困窮、親族の十分なサポートを受けられなかった、若年出産したなど。 3. 3つの親についてグループで話し合う。また、事例の子どもにとっての3つの親は誰か、役割は何かについても話し合う。グループが複数あれば発表し合う。(各5分)
その他	・社会的養護の子どもの親の役割は、3つの親、「生みの親」「法律上の親」「養育する親」が分担している。 ・親についての情報の提示を2段階にし、段階1のみ提示すると、生みの親に対する見方はネガティブなものになりがちである。 ・段階2の情報を追加すると、生みの親として精一杯頑張ったが、うまく育てることができなかったという見方が出てくるであろう。この2段階の作業をすることにより、参加者の生みの親への認識が変わることを期待したい。 ・LSWの実施者は、生みの親に対する中立的な感情をもつことが望ましい。親への批判的な気持ちや過度な期待があると、子どもに実施する際に、影響すると考えられる。 ・生みの親は、子どもにとってはルーツの役割もある。病歴や遺伝の継承など、子どもにとって出自を知ることは重要である。

＊トニー・ライアン、ロジャー・ウォーカー（著）才村眞理・浅野恭子・益田啓裕（監訳）『生まれた家族から離れて暮らす子どもたちのためのライフストーリーワーク実践ガイド』福村出版　2010年　P.79-P.82

（宮部美智子・浅野恭子・徳永祥子・益田啓裕・才村眞理）

第3節　マネジメント

LSW を実施するにあたり、マネジメントは非常に重要である（具体的には第2章第4節を参照）。まずはケース全体の状況を改めて見直すことから始める。

LSW の実施を検討するときに、子どもやその家族の情報を整理し、不足している情報収集を開始する。そこから見えてくる子どもの課題を整理し、子どもの準備が整っているか、今がLSW を実施するのに適した時期なのか、実施の適否を丁寧に検討する必要がある（チェック項目シートを活用）。その際、各機関の担当者だけで検討するのではなく、上司を含め組織として共有することが重要である。

その後、関係機関が一堂に会し、計画会議をもつ。ケース全体の状況、子どもの状態像を共有し、LSW の内容だけでなく、LSW 開始後に出てくると想定される課題への対処についても事前に検討する。LSW は子どもの内面に働きかけるため、実施前に落ち着いて生活していたとしても、LSW が進んでいくにつれて起きるかもしれないリスクを想定しておく。実施中、困難な状況になったときも、関係機関が協力して対応できる体制を事前に整えておく。

LSW を実施することが決まれば、LSW の内容を検討するが、安全に LSW を進めるために一定の枠組みが必要である。今回実施する LSW では何を目的にするのか、いつまで行うのかなどを検討し、支援者それぞれがその内容を理解し、共有する。また、その内容を子どもの状態に合わせて説明することで、子どもも見通しをもつことができる。

実施期間中に子どもの状態や生活環境などが変化し、予測を超えた事態が起きても、支援者が連携して適切に対応することで、子どもの安全と実施者の安全につながる。

LSW が始まれば、機関内で適宜スーパーバイズを受け、進捗状況の確認を含めて関係機関が集まって定期的に協議する。状況によっては、一旦 LSW を中断したり、LSW の内容を変更したりすることが求められる。

マネジメント　ワーク①　「計画会議を実施し、計画案を作成する」

目的	・子どもにかかわるそれぞれの立場にたって、計画会議を体験する。 ・実際の計画案の立て方を学ぶ。
準備するもの	・【模擬事例：A さん】（P.128 ～ 130）人数分 ・【計画会議（例）】（P.131）人数分 ・【計画案（未記入）】（P.133）人数分 ・【計画案（例）】（P.134）人数分
方法	○５人のグループで実施する。グループ内で配役を決める。 （児童相談所 SW、児童相談所 CP、施設長、施設指導員、施設保育士） 1. A さんの計画会議のロールプレイを行う。 ① 時間を設定し、【計画会議（例）】に沿ってやりとりをすすめる。 時間に余裕があれば、アドリブでロールプレイを続ける。 ② ロールプレイ実施後、グループ内で感想を話し合う。 2. A さんの計画案を作成する。 計画案作成のワークでは、参加者の LSW 実施の経験、トレーニングの経験などを考慮し、以下のいずれかの方法をとる。 ・[計画案（未記入）] に、参加者それぞれが個々に計画案を作成。その後、グループ内で発表し合う。 ・[計画案（未記入）] に、グループで意見を出し合いながら計画案を作成。その後それぞれのグループの計画案を発表し、全体で共有する。 ・[計画案（例）] についてグループ内で意見を出し合い、その後、全体で共有する。 ・計画案そのものではなく、「何を伝えることを目標にするか」についてグループで話し合う。
その他	〔計画案（例）〕はあくまで１つの参考例として最後に提示する。

【模擬事例：Aさん】
本児A：小学4年男児、児童養護施設に入所中

〈家族構成〉
実母：27歳、主婦（うつ）　養父：35歳、運送業　異父妹：1歳、保育園児
〈Aさんの状態像〉
知的には境界域。落ち着きはない。他児とかかわりたい気持ちは強いがうまくかかわれず、手が出たり、威圧的になったりする。他児の面会や外泊を気にしている。他児が外泊で親から買ってもらった玩具を触って壊したりすることもある。

〈Aさんのこれまでの経過〉
■出生から施設入所まで
実母は18歳で飛び込み出産。出産の翌日に母が行方不明になり、病院から虐待通告。同日付、一時保護委託開始。翌日、児童相談所（以下、児相）が警察に母行方不明の届出をする。警察の捜査で、母の出身中学校・高校、及び親族関係が判明。
母方祖父母は離婚しており、母は母方祖母（親権者）と同居していた。母は母方祖母との折り合いが悪く、家出を繰り返していた。
母方祖母宅を訪問。母の行方は分からず。母方祖母（本児の親権者）の同意のもと、本児を乳児院に入所措置。

■乳児院から児童養護施設措置変更まで
入所後2カ月経過するが面会者がなく、母方祖母がいつの間にか転居していた。戸籍を確認し、母方祖母の転居先が判明。母の住民票も一緒に異動していた。
母方祖母宅訪問し、本児との面会を促す。以後、月1回のペースで母方祖母は本児と面会する。本児との外出、外泊の希望はないまま。その後、母方祖母と母は連絡がついており、母が隣県に住んでいることが判明。児相が手紙、訪問でアプローチするが、母の反応なし。本児が2歳を迎えたため、母方祖母の同意で児童養護施設に措置変更する。

■2歳から小学校入学前まで
児童相談所が母宅への訪問を繰り返し、母との面会が実現する。
本児の実父は、母が中学生のときから付き合っていた彼氏で、同じ高校に進学。しかし、彼氏に妊娠の事実は打ち明けられず、不安が増し、高校も欠席するようになる。一方、母方祖母は母に登校を促し、それがいやで家出を繰り返す。結局、彼氏は母の妊娠を知らない。
母はいつか本児を引き取り育てたいとの意思を示し、本児との面会を希望。SWが本児と面

接し、母が見つかったことを伝える。本児3歳のとき、母子面会が実現。母は本児を見て泣き崩れる。以降、月1回の面会を重ね、本児との外出ができるようになる。外泊の希望はない。

本児が5歳になったとき、母と突然連絡が取れなくなる。本児は母と会えなくなり、施設での生活が不安定になる。担当CPが心理検査を実施。

児童相談所から母に手紙や訪問でアプローチするが反応なし。住民票、戸籍は異動なし。

■小学校入学から現在

小1：本児は入学式で他の保護者を見て涙を流す。母の住民票、戸籍は変化なし。

小2：母の住民票は職権で削除されている。家庭訪問すると、アパートがあった場所は駐車場になっている。

小3：住民票、戸籍を確認。母は入籍し、本児も母の入籍相手と養子縁組されていることが判明。児童相談所が母宅家庭訪問。母、養父と面接。母は妊娠4カ月。本児を育てていく自信はなく、本児との面会も躊躇している。異父妹出生。

小4：本児は担当保育士に「ぼくのお母さんは？」と聞くようになる。担当SWと担当CPが本児と面接。その後、母・養父と面接し、本児が母のことを知りたがっていることを伝える。母と養父から、本児との面会再開と、LSW開始の同意を得る。

〔計画案（未記入）〕

	場所	参加者	内　容	準備するもの・確認事項

〔計画会議（例）〕

Aさんの計画会議では、児相のSWが会議の進行を行う想定とした。

計画会議参加者：児童相談所SW、児童相談所CP、施設長、施設指導員、施設保育士

児相SW	今日はAさんのLSWの計画会議のためにみなさんに集まっていただき、ありがとうございます。まずは自己紹介をお願いします。 （自己紹介） （SWより、【模擬事例：Aさん】の経過を説明する） Aさんから「お母さんはどこにいるの？」とはっきり聞いてきているし、小4という年齢からも思春期に入る前の、この時期にLSWを実施する必要があると考えています。
児相CP	Aさんの現在の状態を確認するために、心理検査を実施しました。心理検査の結果は……（CPより【模擬事例：Aさん】の本児の状態像を説明する）。
施設保育士	私にもお母さんのことを尋ねてくることがあったので、どう答えたらいいのか戸惑っていました。生活の中でも他児の面会を気にしていたり、他児が親に買ってもらったものをわざと壊したりしたこともありました。LSWをした方がいいと思っています。
施設指導員	必要性は分かるのですが。今でも他児にかかわりたい気持ちが強いのに、LSWをすることでさらに威圧的になったり、手を出したり、それがもっとひどくならないか不安があります。
児相SW	たしかにLSWをすることで何らかの反応や行動化するリスクはあります。それでも今、Aさんにとって生い立ちの整理をすることは必要だと思うので、実施にあたっては予測されるリスクとその対策も考えます。
施設長	お母さんは同意していますか。お母さんの結婚や異父妹がいることまで伝えるのですか。
児相SW	LSWを実施することについて、お母さんの同意は取れています。結婚や異父妹のことも伝えた方がいいと思います。お母さんとの面会も検討したいと思っています。そうするとAさんが動揺したり何らかの反応があると考えられるので、そこは施設の先生方にもフォローしてもらうことが出てくると思います。
（一同）	（LSWの実施に同意）
児相SW	それでは具体的なことを決めていきます。 児相としては、LSWの実施はCPで、事実を伝えるセッションのときは

	SW も同席して伝える形にしたいと思いますが、どうですか。
施設保育士	それでいいと思いますが、私も同席することはできますか。A さんは初めての場所や人には固まってしまうことがあるので。
児相 CP	内容と A さんの状態によっては同席してもらいたいです。
児相 SW	3 週間に 1 度ぐらいのペースで、できれば児相で実施したいのですが、A さんと担当保育士で来所することはできますか。
施設長	学校から帰ってからの夕方になるので、毎回担当保育士が行くのは難しいかもしれません。
児相 SW	可能な範囲でかまわないので、担当保育士と A さんとで来所してもらえたらと思います。
施設指導員	他児には A さんが児相に行っていることをどう説明したらいいでしょうか。
児相 SW	通常の通所と同じように説明してもらえれば。
施設長	分かりました。勤務を組むときにできるだけ配慮します。
	続く……

〔計画案（例）〕

回数	場所	参加者	内　容	準備するもの・確認事項
	施設	実施 CP 担当 SW	○LSW の導入 ・LSW 実施の同意を得る。 「A さんが家族のことを知りたいと思っていると聞きました。これから A さんの生活や家族のことなどを一緒に振り返り整理していきましょう」	計画案（本児向け）
1	児相	実施 CP	○自己紹介 ・本児、実施者が自己紹介カードを使って、お互いを知る。 ・ファイルづくり、名前などの記入、絵を描く、シールを貼るなど。	自己紹介カード「6 つのボックス」 筆記具・紙・シール
2	児相	実施 CP	○市販ブックの「今のわたしについて」から抜粋 ・今の生活の場、自分の好きなこと、友だち、大切な人などを記入。 今の生活が安心な場であることを確認。	市販ブック（欄外＊参照） 施設での写真
3	児相	実施 CP	○生活の場の移動について振り返る ・母親の住んでいたころ→病院（出生）→乳児院→児童養護施設。 ・入所理由などにも触れる。	
4	児相	実施 CP 担当 SW	○市販ブックの「わたしについて知っていること」から抜粋 ・小さいときの自分がどんな赤ちゃんだったかなどを知る。 ・母子手帳、写真を一緒に見る。	市販ブック（欄外＊参照） 事前に乳児院から情報を聞いておく必要あり
5	乳児院	実施 CP 担当 SW 施設担当者	○乳児院、出生した病院の訪問 ・本児の意向による。	乳児院のときの写真

6	児相	実施 CP 担当 SW	○家族について（1） ・父母の名前、生年月日、親族を確認しながらジェノグラムを作成する。	戸籍などの確認必要
7	児相	実施 CP 担当 SW	○家族について（2） ・現在の家族の状況を伝える。	
8	施設	担当 SW 施設担当者	○母親との面会	母親との事前の面接、打ち合わせ必要
9	児相	実施 CP	○市販ブック『わたしの考えと気持ち』の抜粋 ・自分の思い、気持ちを表現する。	市販ブック（欄外＊参照） 感情カード、絵などを活用
10	児相	実施 CP	○市販ブック『未来について』の抜粋 ・自分の将来についての見通しをもつ。	市販ブック（欄外＊参照）

＊「市販ブック」とは、『生まれた家族から離れて暮らす子どもたちのためのライフストーリーブック』（才村眞理 編著、福村出版、2009 年）を指す。

マネジメント　ワーク②「他職種との連携」

目的	LSW を実施するにあたっては、同じ機関内、また他機関との連携により実施体制を整えることが重要である。現在の所属機関内、あるいは他機関との関係にどのような課題があるかを整理し、実施者が安心できる実施体制づくりを考える。
準備するもの	ポストイット、模造紙、筆記具（色ペンなど）。
方法	○可能なら同じ機関（施設、児童相談所など）で働く者同士が2～5人程度のグループになって行う。 1. LSW の実施を提案する際、同じ組織内の同僚、上司（管理職）、部下などからどのような意見が出る可能性があるか、またどのような協力を依頼したいかを、ポストイット数枚に1つずつ記入する。 2. LSW の実施を提案する際、調整を図る必要がある他機関、保護者からどのような意見が出る可能性があるか、またどのような協力を依頼したいかを、ポストイット数枚に1つずつ記入する。 3. 模造紙に、機関内、他機関、保護者それぞれについて書いたポストイットを貼る。似ているものをひとまとまりにして、それぞれについて課題と期待がわかるよう、タイトルをつけて整理していく。 4. 模造紙全体を眺めて、LSW 実施に向けて整理すべき課題や、それぞれの機関や他職種、保護者に協力依頼したいことについてグループで話し合う。
その他	

（新籾晃子・河野真寿美・西川貴美・南まどか）

第4節　子どもの状態の見立て

子どもとの関係を築く前提として、子どもの状態や行動をしっかりと観察し、今何が起こっているのかを捉える力を高めていくことが大切である。また、LSW を安全に実施するためにも、子どもの発達や心理などへの知識（退行や行動化、試し行動など）をベースに、子どもの状態を見立て、支援者間で共有できるようになることが重要である。

本節では、子どもの観察の仕方とその結果を共有するワークと、LSW を実施する必要性を体感できるワークを紹介する。実施者役、子ども役、養育者役となり、それぞれの立場を体験してほしい。「ジェンガを通しての観察」のワークは、実際に子どもとの LSW に利用することもできる。

子どもの状態の見立て　ワーク①「ジェンガを通しての観察」

目的	一緒に遊びながら、課題に対する子どもの取り組み方や他者との協力の仕方を知る。
準備するもの	ジェンガ
方法	○2～3人で実施する。実施者役、子ども役、養育者役で一緒に遊ぶ。 1. 54個の積み木を3個ずつ並べてタワーを作る。1個の積み木を抜き、その積み木を頂上に置く。 2. タワーがくずれるまで続ける。タワーが高くなるにつれて、慎重さや見通す力が必要とされる。子どもの取り組み方を観察する。 3. ジェンガ遊びを通じて、どんなことが理解できたかをお互いに話し合い、共有する。
その他	○子どもを観察するポイント 〈2者（子どもと実施者）の場合〉 ・課題達成のためにどう努力するか。見通しをもってやっているか。 ・ストレス、緊張、圧力にどう反応するか。 ・励ましや他者の助言を取り入れるか。他の人がうまくいったときの反応。 〈3者（養育者を含む）の場合〉 ・子どもと養育者が感じたことをやりとりしているか。 ・共感し合っているか。 ○ジェンガ遊びを通して、子どもとの関係づくりをすることができ、また子どもの反応を観察し、状態を知ることができる。

子どもの状態の見立て　ワーク②「日本版ライフストーリークイズ*」

目的	自分自身のことや家族について知らない場合に、子どもがどのような感情を抱くかを実感する。
準備するもの	○日本版ライフストーリークイズ（下記）を記載した用紙。 〈記載項目〉 ・あなたのお母さんの名前は何ですか？ ・あなたのお母さんはどんな人ですか？ ・あなたのお父さんの名前は何ですか？ ・あなたのお父さんはどんな人ですか？ ・あなたにきょうだいはいますか？ ・あなたのきょうだいの名前は何ですか？ ・あなたのきょうだいはどんな人ですか？ ・あなたの家族は、今どこにいますか？ ・あなたの名前の由来を知っていますか？ ・あなたの生まれたときの体重は何グラムですか？ ・あなたの祖父母の名前や年齢を知っていますか？
方法	○２人以上のグループで行う。 1. 日本版ライフストーリークイズを記載した用紙を見ながら、各項目について自分自身が知っているかどうかを考える。 2. グループ内で順々に、知らない項目があったときにどのような気持ちになったか等を発表する。
その他	・自分自身のことや家族について知らないことがあるときの気持ちに気づくことで、LSW を実施する必要性について体感できる。

*「日本版」としているのは、BAAF（英国養子縁組里親委託協会）より LSW のトレーナーである Christos Christophides を 2015 年 1 月に招聘した際に学んだライフストーリークイズを、日本版にアレンジしたためである。イギリスではより詳細な親族の情報を聞く内容となっている。

（岩部孝洋・益田啓裕）

第5節　子どもとの関係づくり

LSWを進める前提として、実施者と子どもとの間に安心した関係を作ることが非常に大切である。すぐに打ち解ける子どももいれば、時間をかけることが必要な子どももいる。

子どもの年齢や発達段階、どんなタイプの子どもなのか、その子どもの好きなこと・興味などをあらかじめ知っておくことが関係作りに役立つ。ことばで語ることが得意な子どももいれば、絵を描いたり、体を動かしたりと非言語的な表現が得意な子どももいる。実施者は子どもの個性や能力に合わせて、子どもたちの表現するものを理解する力が求められる。子どもと視線を合わせ、呼吸を合わせ、そのことばに聴き入り、非言語的な表現も受け止める必要がある。子どもの世界と心と体の発達を理解し、子どもが自由に使えることば、理解できることば、理解できる表現を用いて初めて実施者は子どもたちとつながりがもてると言っても過言ではない。

子どもに適した遊びやワークを介在させることで、LSWへとつなげやすくなる。こうして、子どもは自分のこれまでの人生を知り、振り返るというステップを実施者と共に踏み出すことができる。

ここでは、子どもとの関係づくりに役立つと考えられるワークを紹介する。

子どもとの関係づくり　ワーク①「6つのボックス」

目的	・初対面で自己表現にどのような緊張や葛藤があるかを実感する。 ・相手との関係づくりに、自己表現がどのように影響するかを知る。
準備するもの	・A4 用紙（人数分） ・筆記具（鉛筆、色鉛筆、色ペンなど）
方法	○2人以上のグループで行う。 1. A4 用紙を6つに分ける。 2. 6つのボックス（枠内）それぞれに、自分自身を表すもの（自身のアイデンティティを構成していると思う事柄）を絵やことばで書き込む。 3. 書き込む内容のジャンルを決めておいてもよい。 （例）好きな食べ物、スポーツ、得意なことなど。 4. グループ内で順々に、他のメンバーに自分の書いた6つのボックスを示しながら、自己紹介をする。 5. 全員紹介を終えたら、やってみて感じたことをシェアリングする。
その他	トレーニングプログラムの最初に、アイスブレークとして実施することもできる。

子どもとの関係づくり　ワーク②「質問票」

目的	お互いを知ると共に、どのような質問を投げかけると、相手の情報を引き出しやすいかを考える。
準備するもの	質問を聞くカード（紙）（人数×３枚程度）
方法	○２人以上のグループで行う。 1. 用意したカード（紙）に、相手への質問をそれぞれ2〜3枚程度書く。 2. 全員の質問カードを裏返しランダムに重ね、グループの中央に置く。 3. 順番に１枚ずつ引いて読み上げ、全員がその質問に対して答えを言う。 4. 一巡したら終えて、やってみて感じたことをシェアリングする。 〈質問の例〉 ・今までに行った所で、良かった場所はどこですか？ ・あなたの名前の由来を知っていますか？ ・好きな食べ物は何ですか？ ・好きな歌は何ですか？ ・今楽しみにしていることは何ですか？
その他	○子どもと実施する際には、 ・子どもがどれくらい自己表現できるかを観察する。 ・質問は、文字だけでなく、絵を添えて書いてもよい。 ・子どもと実施する場合には、実施者も回答する。 ○お互いの自己開示を促す課題であり、LSW の準備として活用できる。

子どもとの関係づくり　ワーク③「ジェンガを通しての関係づくり」

目的	遊びながら子どもと関係づくりをする。
準備するもの	ジェンガ、赤・青・黄の色ペン、赤・青のカード（各6枚）、筆記具
方法	○2～3人で実施する。 実施者役、子ども役、養育者役で一緒に遊ぶ。 1. 54個の積み木のうち18個の積み木に、赤、青、黄色の色ペンで印をつけておく。 2. 赤のカードに子ども役が、青のカードに大人役が、それぞれ相手に聞く質問を書き込む。 3. 赤、青の色ペンの印がついた積み木をとったら、それぞれの色のカードを1枚引いて、赤であれば、子ども役から大人に質問をし、大人が答える。青であれば、大人から子どもに質問し、子どもがそれに答える。 4. 黄色の色ペンの印がついた積み木を取ったら、子どもも大人も、今の気持ちを答える。 タワーが倒れるまで続けて、最後に、この遊びの感想と、遊びを通してお互いのことがどの程度わかったかを共有する。
その他	情報の共有をする作業、LSWを始めるにあたって質問をしたり、されたりという作業、気持ちを表現する作業の導入になる。

子どものとの関係づくり　ワーク④　「感情カード」

<table>
<tr><td>目的</td><td>・子どもの中には感情をことばで表出することが苦手だったり、警戒していたりする場合がある。体験したことと感情のつながりを話すときに、どのようにすれば話しやすくなるか、感情への気づきを促すようにするにはどのようにすればよいかを理解する。
・子どもと行う場合、子どもが感情に気づき、話ができるようになることをサポートする。子どもが自分のことを実施者に理解してもらっていると感じるようなサポートをする。</td></tr>
<tr><td>準備するもの</td><td>白紙のカード、感情カード（感情を表す絵とことばを書いておく）、筆記具（鉛筆、色鉛筆、色ペンなど）</td></tr>
<tr><td>方法</td><td>○２人１組で行う。実施者役、子ども役を決めて行う。
〈方法 1〉
1. 感情カードを数枚伏せて置く。
2. カードを１枚引いて、相手に提示する。そこに書かれた気持ちを、どんなときに感じるかを相手に聞く。
〈方法 2〉
1. 感情カードを並べて置き、相手に今の気持ちを選んでもらう。
2. なぜそんな気持ちなのかを尋ねる。
〈方法 3〉
1. 子ども役に感情を表すことばを挙げてもらい、それを実施者役が白紙のカードに書き留める。
2. その中から子ども役にいくつか選んでもらって、その気持ちの絵を描いてもらう。
（例） 
喜ぶ　怒り　悲しい　楽しい
その他、いろいろな感情の絵を準備しておくとよい。</td></tr>
<tr><td>その他</td><td>・実際のワークでは、子どもが感情についてどの程度話せるかを見ることにも役立つ。
・子どもが感情について話す体験をあらかじめすることで、LSW の中で子どもが感情について話しやすくなる。</td></tr>
</table>

子どもとの関係づくり　ワーク⑤「3つの島と架け橋」＊

目的	トレーニングでは、子ども役と実施者役、養育者役がどのように関係を作っていくかを体験する。
準備するもの	紙、色鉛筆、クレヨン
やり方	・【模擬事例：A さん】（P.128～130）を使ってロールプレイをする。 ・子ども（A さん）役、実施者役、養育者役を決める。 ・最初に子ども役の島を紙に描く。設定は子ども役を表した島があり、周りは海となっている。次に子ども役が実施者役の島と、養育者役の島を描く。 ・それぞれの島にいる実施者役や養育者役が、子どもの島に上陸するにはどのように近づけばよいか、絵で表しながら問いかける。子ども役の島にはどんなものがあるか、たとえば、子どもの好きなものがあるかなどを問いかける。 ・子ども役は実施者役や養育者役から質問に応答する。 ・ロールプレイを終え、それぞれに感じたことをシェアリングする。 ・実施者役や養育者役は子どもの応答を通じて、対象となる子どもへ近づくためにどう応答したらよいと考えたのか、また、ロールプレイ中の感情などを振り返る。 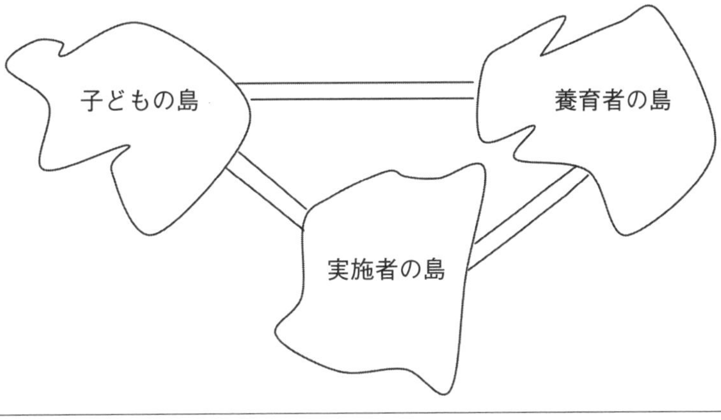 子どもの島 養育者の島 実施者の島
その他	子どもと行う場合、子どもとの関係づくりとして、何度か時間をかけてこのワークを行う場合がある。島（子ども）と島（実施者）、島（養育者）がどのようにつながっていくかは子どもに主体がある。子どもがどのように島を表現するのか、周りには何があるのか、子どもに合わせて話を進めていく。

＊　ケイティ・レンチ、レズリー・ネイラー（著）才村眞理・徳永祥子（監訳）『施設・里親家庭で暮らす子どもとはじめるクリエイティブなライフストーリーワーク』福村出版　2015年　P.93-P.95

子どもとの関係づくり　ワーク⑥「五感のエクササイズ」

目的	物を媒介として、感覚や感情をことばで表現する体験をする。
準備するもの	聴覚、触覚、味覚、嗅覚を感じるもの（参加者がそれぞれ持ち寄る）
方法	○2人以上のグループで行う。 1. 聴覚、触覚、味覚、嗅覚を感じるものを、多数用意する。 2. いくつかグループ分けをする。 3. 用意してきたものを使う。 （例）ウクレレを鳴らす、ハンドクリームをぬる、チョコレートを食べる、鐘を鳴らすなど。 4. 使った後に、その音や匂いなどから感じる感覚を形容詞であらわす。慣れてくれば、感想も言う。 （例）ウクレレの音……なぐさめる感じ、ハワイを思い出すなど。 5. 順番に、用意したものを使ってことばで表現することを繰り返す。
その他	・ワークの最初は、なかなか感覚を表す形容詞が出てこないかもしれない。体験していることを言葉で表現できないことは、LSW を実施する子どもの多くが日常生活で体験していることである。トレーニングで子どもが体験している感覚を疑似体験することに、トレーニングの意味がある。 ・感覚をあらわすことば（うるさい、元気、かろやか……）を言っていくと、感情の言葉につながっていくことを知る。子どもと実施する場合、子どもの中には、ことばで感情を表すのが苦手な子がいるので、自然に感情を出せるよう、感覚を通してやりとりする。 ・感覚は、子どもの感情のスイッチをもう一度入れるきっかけとなる。感覚は過去の記憶や感情を思い起こすきっかけともなる。 ・生育歴でつらい体験をもつ子どもたちにとって、感覚はその記憶を思い起こすきっかけとなる場合もある。本来、心地よい感覚や記憶につながるものがつらい記憶につながってしまう場合がある。たとえば、鈴の音を聞くとクリスマスを思い出すかもしれない。本来はクリスマスの良い思い出が思い出されるかもしれないが、子どもたちの中にはクリスマスにつらい思い出のある子どもがいるかもしれない。子どもにワークを実施する場合には配慮が必要である

（姥敦子・久保樹里・堀口祐毅）

第6節　情報の整理と内面化

LSWを実施する中で、さまざまな情報を得る機会があると考えられるが、過度の情報やばらばらの情報は、かえって子どもたちを混乱させる原因にもなり得る。また、ただ単に新たな情報を知ったとしても、やり場のない気持ち、もやもやした気持ちを整理できないままでは、日常生活に支障をきたすおそれがある。本節では、新たに子どもたちが得た情報を一緒に整理することで、子どもたちの気持ちを受け止め、子どもたちが新たに知った事実や修正された事実に対する意味づけをサポートするのに役に立つワークを紹介する。

この内面化の段階は、LSWの真髄である。自身の生い立ちで「自分が悪い子だったから親子分離された」というような認知を修正することや、「自分のことを誰もわかってくれない、助けてくれない人生を歩いている」という認知から、「こんなに支えてくれる人がいたのだ」という認知の修正もある。内面化では、子どもが納得する作業に入れるかどうかがポイントである。本節のワークを使って、情報の整理と内面化を図ることができるよう、トレーニングしてほしい。

情報の整理と内面化　ワーク①「地図と移動」

目的	子どもがこれまで生活してきた場所を、一緒にたどる作業をすることで、子どもにとってこの移動がどのように感じられるかを学ぶ。
準備するもの	【模擬事例：A さん】（P.128 ～ 130） 筆記具（鉛筆、色鉛筆、色ペンなど）、記入用紙（画用紙、ブックの様式、コピー用紙など）、必要に応じて、世界地図、日本地図。
内容	○2人1組で実施する。 実施者役と子ども：（A さん）役でロールプレイをする。 1. 【模擬事例：A さん】に沿って、A さんが生まれてから今日まで、どこで生活をしてきたかを共有し、それを紙の上に書き出して共有する。 （例） ・市販ブック（＊参照）の「地図と移動」の様式を活用する。 ・これまでの経過を道や線路に見立てて、書き込む。 ・その他、子どもの興味関心に沿った方法で整理する。 ・実際の地図を活用する。 2. それぞれの生活の場で、誰と暮らしていたか、そこでの思い出やエピソード、そこから次の生活の場に移った理由を子どもがどのように理解しているかも聞いていく。 3. 実施者役は、どのように聞くといいのかを考えながら、こうした質問を試みる。 4. 子ども役は、そのように聞かれると、どのような気持ちがするか、またどんな回想がなされるかを味わう。 5. 実施者役と子ども役、お互いの体験をフィードバックし合う。 6. 役割を交代して実施する。
その他	・電車の線路に見立てた場合、これまでの生活場所を駅に見立てて、それぞれの駅にまつわる思い出を聞いてみることができる。 ・国をまたいでいる場合や、かなり遠距離を移動している場合には、世界地図や日本地図を用意して、場所がわかるようにすることが望ましい。 ・子どもと実施する場合には、実際に生活した場所を訪れて写真を撮ったり、その場所のパンフレットを集めたりすることもできる。

＊才村眞理（編著）『生まれた家族から離れて暮らす子どもたちのためのライフストーリーブック』福村出版　2009 年

情報の整理と内面化　ワーク②「過去と現在を結びつける木のワーク」

目的	模擬事例を通じて過去の出来事が現在にも影響していることを理解する。
準備するもの	・子どもと家族の過去から現在が分かる模擬事例、または【模擬事例：Aさん】（P.128～130） ・画用紙（各グループに1枚）、ポストイット緑色（5センチ角以上のもの30枚程度、葉っぱの形に切っておく）、ポストイット黄色（5センチ角以上のもの30枚程度）、筆記具（鉛筆・色鉛筆〔緑色、茶色を含む〕、色ペンなど）
内容	○2～8人のグループで実施する。 1. 模擬事例を読んで、現在の子どもの状態を表すことばを、1枚の葉っぱに1つずつ書き込む。 （例）すぐキレる、夜寝つきが悪い、暴力を振るう、ぬいぐるみを抱いて寝る、など 2. 紙の上部3分の1くらいの範囲に、現在の状況を書き込んだ葉っぱを貼っていく。 3. 次に、黄色のポストイットに、その子どもの過去の体験を1枚に1つずつ書き込んでいく。 （例）父母の喧嘩、身体的虐待、離婚、母の死、など。 4. 紙の下部3分の1くらいの領域に、過去の体験を書き込んだポストイットを貼っていく。 5. 最後に、下部3分の1の領域を地面の下の「根っこ」とし、葉っぱの部分を木の茂りとし、その間を幹でつなぎ、木の絵にする。 6. 根っこと葉っぱを見て感じること、ワークをして理解したことを、グループで話し合う。
その他	・子どもの中で未解決の課題、納得できないことがあれば、日常生活に影響が出る可能性がある。このワークは、支援にあたる側が、子どもの状態を理解する助けとなる。 ・子ども自身が困っている症状や、いわゆる問題とされる行動が、過去に体験したつらいできごとと関連しているということの理解を促すワークでもある。子どもと実施するときは、トラウマの心理教育、トラウマケアなどと併行して実施するとより有効であろう。 ・子どもの関係者がケースカンファレンスをする際に、子どもの問題行動を理解する一助にもなる。

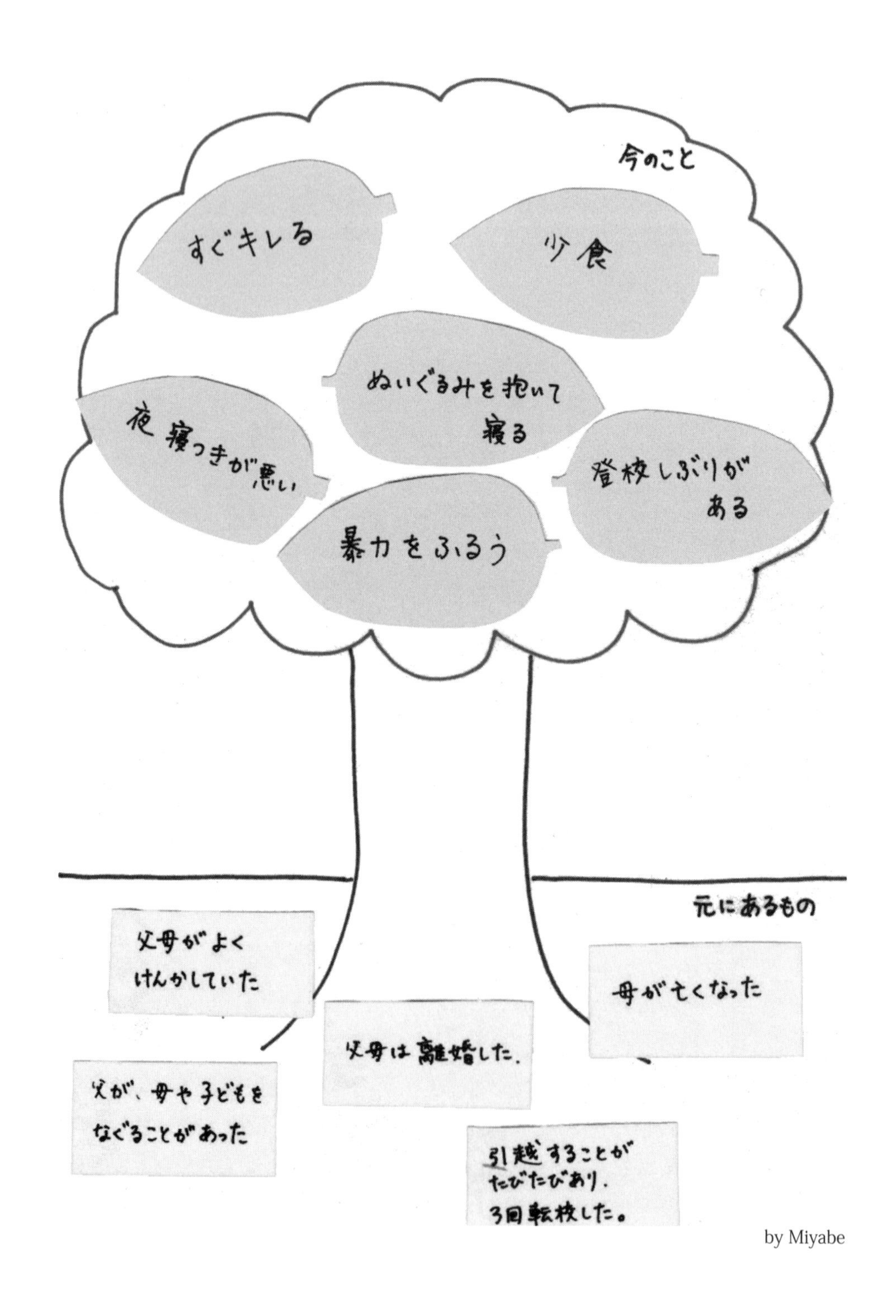
今のこと
すぐキレる
少食
ぬいぐるみを抱いて寝る
夜 寝つきが悪い
登校しぶりがある
暴力をふるう
元にあるもの
父母がよくけんかしていた
母が亡くなった
父母は離婚した。
父が、母や子どもをなぐることがあった
引越することがたびたびあり、3回転校した。

by Miyabe

情報の整理と内面化　ワーク③　「年表づくり」

目的	・実施者が模擬事例の年表を作成し、子どもが過去について語ることの意味を理解する。 ・実施者が子どもの過去について聴く体験をすることにより、子どもへの聴き方を学び、役割を交代することにより、子どもの立場に立って過去について話すことの感情の動きを体験する。 ・子どもに実施する前に練習する。
準備するもの	子どもと家族の過去から現在が分かる模擬事例、または【模擬事例：Bさん】(P.152) ・画用紙もしくはA4用紙、筆記具（クレヨン、色ペン、色鉛筆）
方法	○2人1組で実施する。 実施者役と子ども役でロールプレイをする。 ○用意した模擬事例か、【模擬事例：Bさん】の内容に沿って、子どもの年表を一緒に作成する。 1. 誕生から現在までを1本の曲線で描き、できごとのあった節目に子ども役の人が絵を描く。子どもが絵を描くことが苦手だったり、文字を書くことが苦手だったりする場合は実施者が書いてもよい。 2. それぞれのできごとにまつわる事実やエピソード、そのときの気持ちなどを、実施者と子どもがやりとりをしながら書き込んでいく。 3. 一定時間が経ったら、お互いの感じたことをフィードバックし合う。 4. 役割を交代して実施する。
その他	・模擬事例には、簡単なエピソードを3つくらい入れておく。その場で思いつくことを子ども役が話しても可。 ・【模擬事例：Bさん】では、曲線で表現し絵などを入れているが、高年齢の子どもに実施する際には、日本史の年表のような整理もできる。ただし、エピソードやそのときの気持ちなどを書き込む欄を作る。 ・できごとのあった節目には、絵を描く以外に、写真や雑誌の切り抜きを貼ることもいいだろう。 ・こうした作業を一緒に実施することが難しい場合、実施者が子どものストーリーを紙芝居に作って、読み聞かせるという方法もある。

※なお、このワークはイギリス、リーズ（Leeds）市を2013年9月3日に徳永祥子・才村眞理が訪問した際に市のソーシャルワーカーである、ケイト・レンチ（Katie Wrench）、レズリー・ネイラー（Lesley Naylor）にインタビューした内容を参考に、考案したものである。

【模擬事例：Bさん】

・本児B：小学3年女児、児童養護施設に入所中。

・乳児院から児童養護施設への入所歴があり、4歳で里親委託される 。

・母親は17歳で出産。未婚で周りのサポートがなく、お金もなく、相談する力もなく、病院に置き去りにして行方不明になる。父親は当時19歳。母親のアルバイト先の人。

・母親はBさんが3歳のとき、別の男性と施設に2回面会に来るがその後は行方不明。

・Bさんは勉強が嫌いだが、絵を描くのは好き。

・里親宅でこれからも過ごす。

〈Bさんの年表の例〉

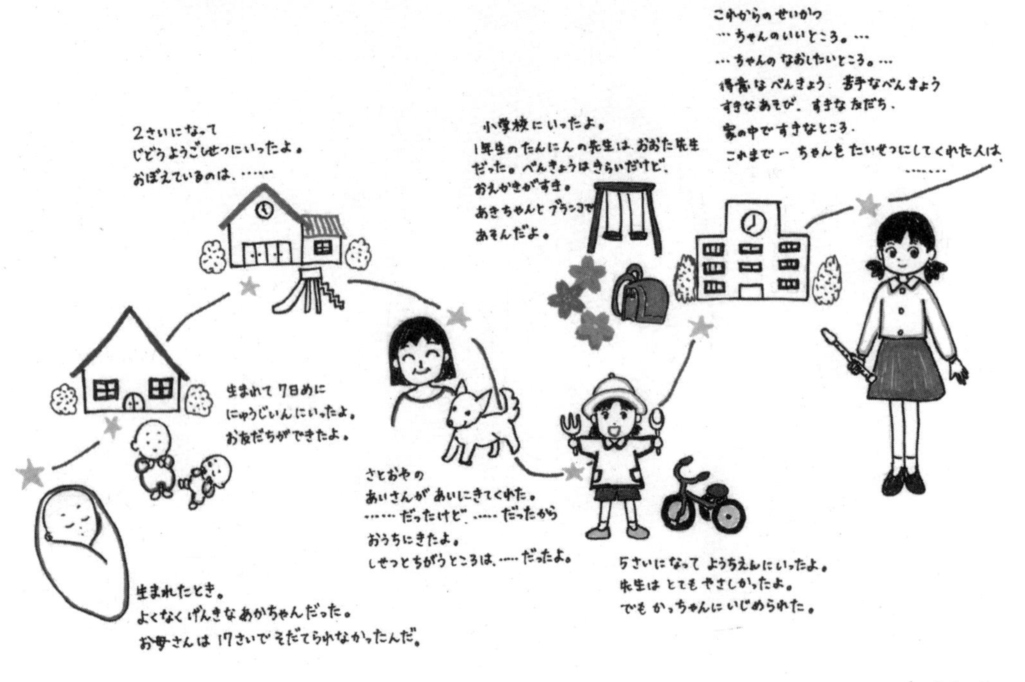

by Miyabe

情報の整理と内面化　ワーク④ 「家族について」

目的	・架空の家族について家族関係を整理することで、LSW に取り組む子どもの立場を体験する。 ・ジェノグラム作成を体験する。 ・家族についての情報の伝え方を工夫する。
準備するもの	・家族についての情報（サザエさん一家・ちびまる子ちゃん一家などを題材に選ぶ）名前・生年月日・現在の居住地・出身地・子どもとの関係性が書かれたもの、画用紙もしくは A4 か A3 用紙 ・キャラクター（サザエさんなど）の家族全員の顔の絵 ・筆記具（色鉛筆・色ペン・クレヨンなど） ・装飾する材料（シール・色紙・テープ・雑誌や絵の切り抜きなど）
方法	○2～6人程度で実施する。 1. 架空の家族をジェノグラムで表す。 2. キャラクターの顔の絵を用いる。 3. 年齢など、家族にまつわる情報を記入する。 4. ジェノグラムを作成した感想を話し合う。
その他	・実際の個人情報を用いないため、防衛的にならずにジェノグラム作成を体験できる。 〈子どもと行う場合〉 ・一般的な家族・親族関係とその名称について説明し、理解を促す必要もあるだろう。 ・子どもと実際の家族について作成する前に、このワークのように子どもがよく知るキャラクターでジェノグラムを作成しておくと、家族関係の理解が進みやすい。 ・実際のワークでは、家族の背景や親の事情、自分が家族と離れて生活していることについての理由を子どもがあらためて知る機会となる。 ・作成しながら家族への思いや理解を言葉でやりとりすることで、子どもにとっては家族への感情の整理にもつながる。

情報の整理と内面化　ワーク⑤「エコマップ」

目的	・自分を取り巻く世界を描くことで、自分と世界とのつながりを体感する。 ・これまでの経験や家族について自分なりにつかんでいたことや感情をことばにし、理解を深める。
準備するもの	画用紙もしくはA4かA3用紙、筆記具（色鉛筆・色ペン・クレヨンなど）、写真、地図、装飾する材料（シール・色紙・テープ・雑誌や絵の切り抜きなど）
方法	○2人1組で実施する。 実施者役と子ども役を決める。 1. 子ども役は自分の顔を紙の中心に描くか、自分の顔写真を貼る。 2. その周辺に自分とかかわりのある人や機関などを文字や絵で記入する。 3. 自分と周りに描いた人や機関を線で結びつけ、どんな関係性にあるかを書き込む。 4. 記入した内容を、実施者役に説明する。 5. 子ども役と実施者役を交代する。 6. エコマップを作成した感想をお互いに話し合う。
その他	・自分の置かれている状況を理解、確認し、エンパワメントされる機会となる。 〈子どもと行う場合〉 ・子どもが自分を取り巻く世界や応援してくれている人、現在から将来に向かって支援してもらえる機関などを視覚的に確認する機会となる。 ・子どもに、関係機関の実際の場所や役割を説明する。 ・全国の児童養護施設の数や児童養護施設に入所している児童数などを伝えると、自分の状況を相対的に捉え直すことができることもある。 ・大切な人物や関係性について、できるだけ子どものことばを引き出し、どのように理解しているかを確認し、感情を共有する。

【エコマップ】参考

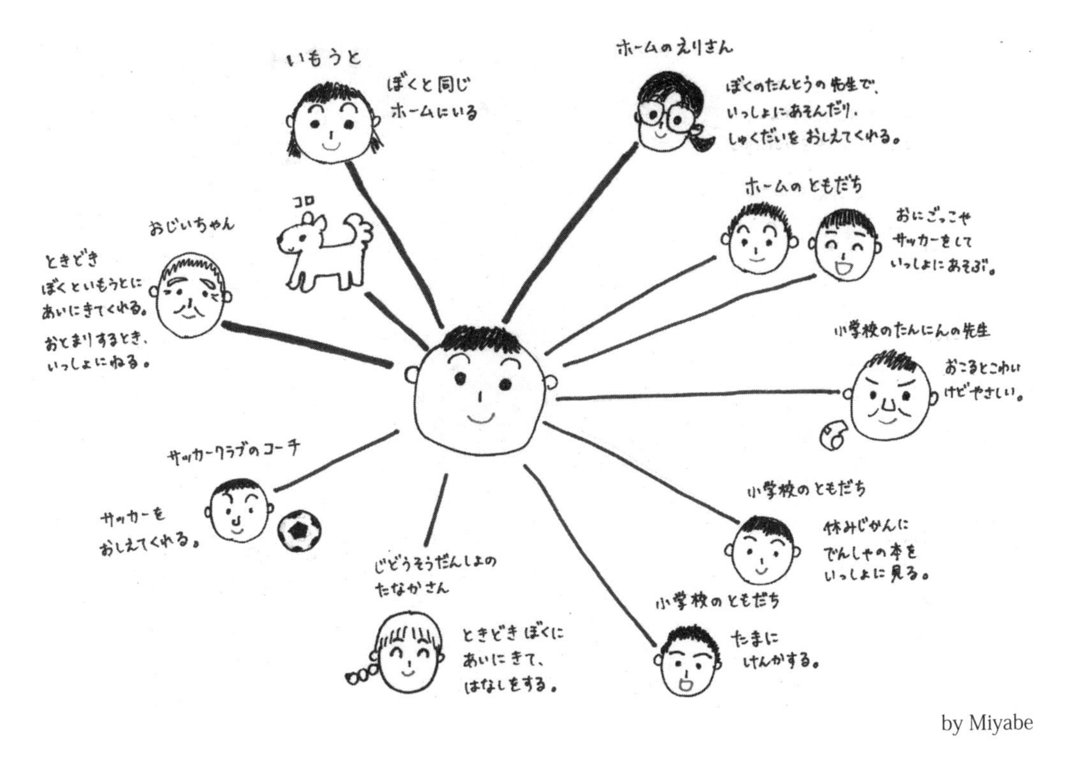

by Miyabe

（才村眞理・徳永祥子・堀口祐毅・南まどか・宮部美智子）

資料編

LIFE STORY WORK

ライフストーリーワークって何？

～子どものためのガイドブック～

あなたに

ライフストーリーワークって、何？

あなたは、あなたが生まれた時から、家族やその周りの人、お友達などと、きっといろいろな経験をしてきたことと思います。

- あなたは誰から生まれたの？
- どこで生まれて、誰とどんな風にくらしてきた？
- 小さい頃のあなたはどんな子だったか、聞いている？
- 楽しかった思い出は？　ちょっと悲しかったりしたこともあったかな？
- ここに来たのは何歳の時？　どうしてここに来たか、知っている？
- 今、どんなことが好き？

だれもが皆、**自分の人生（ライフ）の物語（ストーリー）**を持っています。
赤ちゃんの時　～　小さかった時　～　小学生　～　中学生　～　高校生
そして大人になって、仕事をし・・・年をとってきて・・

かっこいいサッカー選手も、いろいろな国の首相も、学校の先生も、

そしてあなたも、あなたのお父さんやお母さんも、

みんな、自分の人生の物語があるのです。

つらかったこと、うれしかったこと、きっとどの人にもいろいろあるよね。

あなたも、しっかり覚えていることもあれば、知らないことや
聞きたくても聞けないままでいることがあるかもしれない。
わからないことが一杯あるかもしれないね。

「どうして、お父さんやお母さんと離れて暮らさないといけないの？？」

ライフストーリーワークというのは、
一人ひとり、自分の人生のいろいろな出来事や気持ちを、
大人と一緒にたどりながら整理し、自分のものにしていくこと。
これまでの自分（過去）～ 今の自分（現在）～これからの自分（未来）を
つなげていくこと、橋をかけていくことです。

一緒にやってくれる大人がいるよ！

ライフストーリーワークって、どんなことをするの？

あなたのライフストーリーワークを応援する大人（児童相談所や施設の先生など）と話をしたり、絵を描いたり年表を作ったり、思い出の品を集めたり、誰かを訪ねたり、いろんなことをします。１人ひとり何をするかは違います。

例えば・・・

〇まず、今の自分のことを書きとめてみましょう！

わたしの顔

■友達とよくしている遊びは？　おにごっこ、ドッジボール

■今、頑張っていることはある？　算数の勉強

■最近うれしかったことは？　モルモットを飼ったこと

■悲しかったことは？　転校したこと

Satsuki

○あなたが大切にしているものを書いてみて！

○あなたのまわりにいる人たち

あなたのまわりには誰がいるかな？

例えば、いつも一緒に遊ぶ友達や、何かを教えてくれる先生、家族など

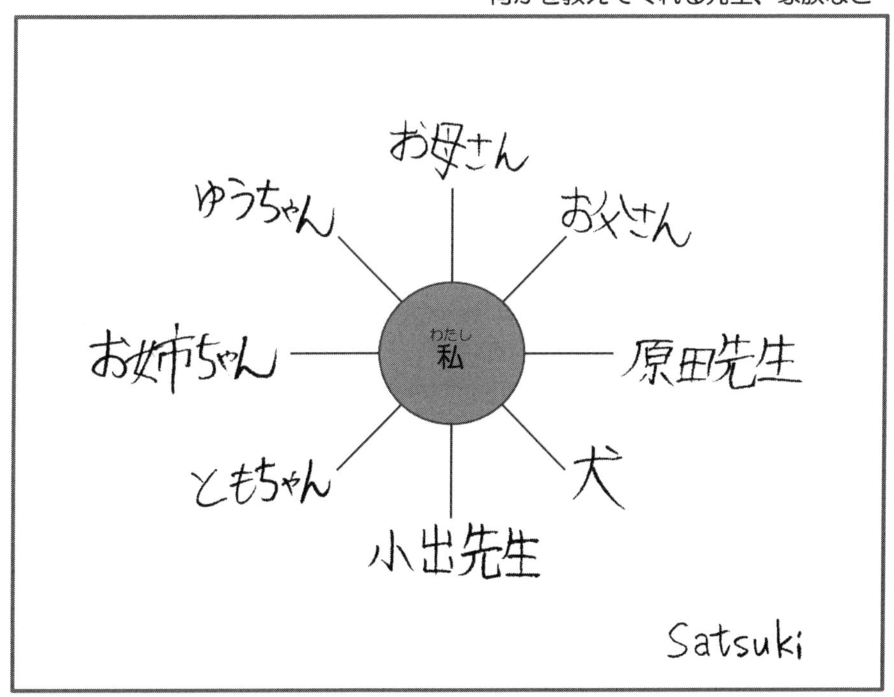

○あなたのこれまでの生活

これまでにどんなことがあったか、書いてみよう。
写真を貼っても、絵を描いてもいいよ。

（モデル）

○月○日　生まれた。
↓
小さい時　お母さんとアンパンマンを見に行った。
お父さんは、いつもいなかった。
↓
幼稚園の時　○○幼稚園に入った。
お母さんが病気になって、皆でおじいちゃんの家にひっこしした。
幼稚園が変わったので、いやだった。
↓　お母さんはいつも寝ていた。
小学校に入ったころ
おばあちゃんが死んだ。
ここの学園に来た。　おじいちゃんがついてきてくれた。
少しして、小学校に入学した。おじいちゃんが青いランドセルを
↓　送ってきてくれた。
7歳　学園の野球チームに入った。

8歳

たどっていくと、いろいろなことをたくさん覚えている時と、余り覚えていなかったり、知らない時とがあるでしょう。書いたり、話をしていると、前から分からなくて気になっていたことを思い出すかもしれない。

でも、わからないことはどうしよう？　誰かに聞こう！

それから、写真を貼ったり絵を一緒に描いて、

あなただけの本を作ってもいいよ！

橋をかける！

ライフストーリーワークというのは、

一人ひとり、自分の人生のいろいろな出来事やその時の気持ちを、

大人と一緒に振り返り、つなげていくこと。

これまでの自分（過去）～今の自分（現在）～これからの自分（未来）に、

橋をかけていくことです。

6

この冊子の使用について

親から離れて社会的養護のもと（施設や里親等）で暮らしている子どもたちの中には、自分の生い立ちや家族の状況について、断片的で十分掴めないまますごしてきた子どもも少なくありません。子ども自身の日々の生活や様々な思いにも光を当てながら、これまでの生活や家族について、目を向け、事実を確かめ、意味づけ、整理していく過程を通して、子どもは「自分は自分であっていい」と実感します。子どもが過去と現在、未来をつなぎ、前向きに生きていけるよう支援する取り組みが、ライフストーリーワークです。

この冊子は、ライフストーリーワークとはどんなことをするのか、どのような取り組みなのか、子どもが自分で読み、理解できるようなガイドブックがあれば、との思いから作成に至りました。子どもが安心してワークに取り組めるよう、この冊子を使われる際には、次のようなことを参考にしていただければと思います。

◆　この冊子は、字が読めるようになり始めた、概ね就学前後の年齢以降の子どもを対象としています。（ライフストーリーワーク自体は、それより小さな子どもにも、年齢に合わせて取り組むがことができます。）

◆　これまでの生活や家族の状況、子どもの年齢等からも、ワークを行う時期や過程は一人ひとり違います。親について知りたいと、子どもからニーズが出される場合もあれば、子どもの状況からしっかり生い立ちを整理しておく必要があると判断される場合もあるでしょう。（子どもの抱える課題が大きすぎたり、不安定な状態である時は、まず先にその課題を支援し、一定落ち着いてからワークに取り組んで下さい。）いずれにしても、ワークを始めるにあたっては、子どもにとって適切な時期か、誰が担うか、どのように進めていくか、関係者でしっかり事前協議を行い、取り組みを共有しましょう。
（ワークの理念や実際の内容、留意点などをまとめた トニー・ライアン、ロジャー・ウォーカー著 才村眞理・浅野恭子・益田啓裕監訳「ライフストーリーワーク　実践ガイド」福村出版 2013 年もご参照下さい。）

◆　実施が適当と判断された場合、担当者（児童相談所や施設の職員、里親など）は、この冊子を子どもと一緒に読みながら、疑問などに答えて説明を補ったり、子どもの気持ちに添って話を聞いて下さい。その過程もとても大切です。

◆　具体的にどのようなワークかイメージしやすいよう、例として実際の子どもの絵やことばを載せていますが、他にも、話をしたり、写真などを集めたり、どこかを訪ねたり、それぞれの子どもに合った様々な取り組みがあることを伝えて下さい。

多忙な業務の中で、なかなか多くの子どもに実施することが困難な実状はありますが、この冊子が、少しでも、子どもたちの取り組みに役立つことを願っております。

大阪ライフストーリー研究会　　渡邊　治子

「ライフストーリーワークって何？　～子どものためのガイドブック～」

2014年10月1日発行
発　行：才村眞理　　連絡先　saimura@tezukayama-u.ac.jp
文・編集：大阪ライフストーリー研究会
イラスト：武井陽子、 Satsuki

本冊子はＪＳＰＳ平成２６年度科研費　24530767の助成を受けて作成したものです。
（研究課題「ライフストーリーワークの実践方法に関する研究」　研究代表者　才村眞理）

※この資料は、ライフストーリーワークを子どもに説明するために作成した冊子を、そのまま資料としてつけたものです。これから実施しようとする子どもたちに、是非、活用していただければと思います。

おわりに

「ライフストーリーワークは、こうでなければならない」と、その形にこだわるよりも、社会的養護のもとにいる子どもたちが、自分の人生の軌跡を自分のものにしていくことを支援し、これからの人生を展望する力を取り戻すという、ライフストーリーワークの理念をこそ大切にしたいと思います。

本書には、私たち大阪ライフストーリー研究会のメンバーが、約10年にわたって学び、調査し、議論し、実践を重ねてきたことが記されています。研究会のメンバーは、みな実務家ですので、日々子どもたちと向き合い、また他の専門職と子どもたちの支援について話し合っています。そんな中で、ライフストーリーワークをより安全に、またより1人ひとりの子どもに適した形で、そして何よりも子どもたちにとって実りあるものにするために、どんな手順が欠かせないか、またどんな工夫ができるのかを模索してきました。

この本の中に書き記すことができたことは、その一部にすぎませんが、安全に配慮しながらも、いかにクリエイティブに実践をしていくことができるか、その一端を皆様と共有できればと思います。児童相談所職員が主体となる取り組み、施設職員が主体となる取り組みということで、計10ケースを紹介していますが、それぞれの取り組みにどのような印象をもたれたでしょうか？ これからセッション型のライフストーリーワークの実践を始められる皆さんに参考にしていただければと思います。

トレーニングプログラムは、ライフストーリーワークの実践を重ねながら、私たち研究会メンバーも、自身のトレーニングとして実施してきたものです。英国から学んだものから研究会メンバーが考案したものまで、さまざまなトレーニングを掲載しています。ライフストーリーをたどるということが子どもたちにとってどのような体験となるのかを実施者自身が体験するワークや、セッション型のライフストーリーワークを実施するにあたっての子どもの状態を見立てるワーク、子どもとの関係を作るワーク、そして、子どもが情報を整理し内面化することを支援するワークを紹介しています。皆様も同僚や共に学ぶ仲間と共に、それぞれのワークに取り組み、感じたことを分かち合ってみてください。

ライフストーリーワークは、子どもたちの生活（ライフ）と不可分なものです。ライフストーリーワークという特別な何かがあるというよりも、生活そのものにライフストーリーワークの視点が盛り込まれることこそが大切なのではないでしょうか。施設での生活、里親宅での生活、その１分１秒が子どもたちの人生（ライフ）そのものです。

子どもが初めて施設や里親宅に来たときの周りの状況や子どもの様子。１カ月過ぎて、半年過ぎて、１年過ぎての子どもの成長。春夏秋冬のさまざまな行事。朝起きて、学校へ行って、友だちと遊んで、クラブをして、また夕方施設に戻ってきて、食事を共にして、笑って、泣いて、怒って、すねて……そんな１日いちにちの生活。スポーツや芸術、勉強やボランティア活動などで頑張ったこと。表彰状や成績表、写真、子どもの描いた絵や、記した文。そうした子どもの毎日をライフストーリーワークの視点をもって記録し、子どもの心にも刻んでいくことが大切です。

担当のソーシャルワーカーであれば、ライフストーリーワークの視点をもって、初めて子どもについての相談を受けたときのことや、生みの親の思い。また子どもを預かることになるのであれば、幼い時間を過ごした家や生みの親、きょうだいのこと、幼いころの生活の様子をきちんと記録に残しておくことができるでしょう。

子どもの過去が現在にどのような影響を与えているのかを理解していくことは、生活支援でも、ソーシャルワークでも、セラピーでもそしてライフストーリーワークでも同じように大切なことです。生活支援、ソーシャルワーク、セラピーとライフストーリーワークが連動しながら、子どもがバラバラの記憶をつなぎ合わせ、自分の人生の軌跡をストーリーとして紡ぎなおすことができるような支援を行っていくことができますように。

本書の内容は、これからさまざまな実践を積み上げていくための「たたき台」です。皆さんがこれから子どもたちの支援に当たられる際の参考としていただき、さらなる実践の積み重ねが、子どもたちの福祉のためになされていくことを期待しています。

2016年11月

浅野恭子

参考文献

- 才村眞理（編著）『生まれた家族から離れて暮らす子どもたちのためのライフストーリーブック』福村出版 2009 年

  ＊ライフストーリーワークを実施する際の枠組みとして利用でき、写真を貼ったり、そのときどきの感情を描いたりして、アルバムとしても保存できるもの。

- トニー・ライアン、ロジャー・ウォーカー（著）才村眞理・浅野恭子・益田啓裕（監訳）『生まれた家族から離れて暮らす子どもたちのためのライフストーリーワーク　実践ガイド』福村出版 2010 年

  ＊BAAF（英国養子縁組里親委託協会、ロンドン）におけるライフストーリーワークの方法を示し、実施マニュアルに近いもの。

- Shaila Shah, Hedi Argent, '*Life story work - What it is and what it means: A Guide for Children and Young People (Children's Guides)*', BAAF (British Association for Adoption & Fostering), Kindle Edition, 2006.

  ＊子ども向けにライフストーリーワークを説明するための冊子であり、簡単な言葉で説明され、わかりやすい。

- Berni Stringer, 'Communicating through Play: Techniques for assessing and preparing children for adoption', BAAF (The British Association for Adoption & Fostering has produced), Printed in Great Britain by The Lavenham Press, 2009.

  ＊ライフストーリーワークを実施するためには子どもと信頼関係ができていないと難しい。これは子どもと遊びを通してどのようにコミュニケーションをとるか、その理念・方法を示したもの。

- リチャード・ローズ、テリー・フィルポット（著）才村眞理（監訳）浅野泰子・益田啓裕・徳永祥子（訳）『わたしの物語　トラウマを受けた子どもとのライフストーリーワーク』福村出版 2012 年

  ＊SACCS（虐待によりトラウマを受けた子どもたちの治療施設、英国シュールズベリ）が行うライフストーリーワークの方法を示したもの。実務者向け。

- ケイティー・レンチ、レズリー・ネイラー（著）才村眞理・徳永祥子（監訳）『施設・里親家庭で暮らす子どもとはじめる　クリエイティブなライフストーリーワーク』福村出版 2015 年

  ＊イギリス、リーズ市のセラピューティック・ソーシャルワーカーであり、セラピストの２人が、子どもとどのようにライフストーリーワークを始めたらよいかをワーク中心に解説した本。２人はリーズ市にてライフストーリーワークのコンサルテーションやトレーニングを実施している。

索引

編著者・執筆者一覧

編著者

・才村眞理（さいむら・まり）：ライフストーリーワーク相談室
（https://r.goope.jp/marisaimura）

・大阪ライフストーリー研究会

執筆者

＊＝大阪ライフストーリー研究会
五十音順

・浅野恭子（あさの・やすこ）：甲南女子大学／＊
・新籾晃子（あらもみ・てるこ）：大阪府子ども家庭センター／＊
・岩佐和代（いわさ・かずよ）：大阪市こども相談センター／＊
・岩部孝洋（いわぶ・たかひろ）：大阪市こども相談センター／＊
・姥 敦子（うば・あつこ）：大阪府立修徳学院／＊
・河野真寿美（かわの・ますみ）：大阪府子ども家庭センター／＊
・久保樹里（くぼ・じゅり）：日本福祉大学／＊
・徳永祥子（とくなが・しょうこ）：立命館大学／＊
・西川貴美（にしかわ・よしみ）：大阪府子ども家庭センター／＊
・堀口祐毅（ほりぐち・ゆうき）：堺市子ども相談所／＊
・益田啓裕（ますだ・けいすけ）：追手門学院大学／＊
・南まどか（みなみ・まどか）：豊中市こども未来部はぐくみセンター／＊
・宮部美智子（みやべ・みちこ）：豊中市福祉部障害福祉課／＊
・渡邊治子（わたなべ・はるこ）：認定特定非営利活動法人チャイルド・リソース・センター／＊

・大森啓代（おおもり・ひろよ）：児童養護施設　子どもの家

コラム

・草間吉夫（くさま・よしお）：新島学園短期大学（執筆時：東北福祉大学特任教授）
・中村みどり（なかむら・みどり）：Children's Views and Voices 副代表
・あらい・ちえ：ケアリーヴァー

イラスト：武井陽子・Satsuki・Miyabe

今から学ぼう！ ライフストーリーワーク
－施設や里親宅で暮らす子どもたちと行う実践マニュアル－

2016年12月5日　初版第1刷発行
2023年10月15日　　第3刷発行

編著者　© 才村眞理・大阪ライフストーリー研究会
発行者　宮　下　基　幸
発行所　福村出版株式会社
〒113-0034　東京都文京区湯島2-14-11
電 話　03(5812)9702
FAX　03(5812)9705
https://www.fukumura.co.jp

装丁　臼井弘志（公和図書株式会社デザイン室）
カバーイラスト　Satsuki
印刷　シナノ印刷株式会社
製本　協栄製本株式会社

Printed in Japan, 2016
ISBN978-4-571-42060-3